NOVENA MEU NATAL COM JESUS

Obras do mesmo autor
(Por ordem de publicação)

1. Por um Natal mais cristão, 3 ed.
2. Os jovens descobrem o Cristo da missa, 9 ed.
3. Ressurreição... cada dia ... um passo, 3 ed.
4. Meus pais, meu problema, 7 ed.
5. Oração de amorização: a cura do coração, 101 ed.
6. Saiba participar de grupos carismáticos, 14 ed.
7. A cura psíquica na formação inicial e permanente, 4 ed.
8. Práticas de autocura interior, 13 ed.
9. Carismas para o nosso tempo, 4 ed.
10. Grupos de oração: como fazer a graça acontecer, 13 ed.
11. Programar o crescimento do grupo carismático, 5 ed.
12. Jovens em renovação, 13 ed.
13. Evangelizar é fazer Jesus acontecer, 4 ed.
14. Experiência de Deus e RCC, 2 ed.
15. Natal de Jesus, Natal evangelizador
16. Conversas sobre o Espírito Santo, 6 ed.
17. Rosário para o Espírito Santo, 6 ed.
18. Um pai para sempre, 3 ed.
19. Jovens: formação afetiva e sexual, 5 ed.
20. Ministros da Eucaristia, 7 ed.
21. Reflexões de fé: fontes de vida
22. Amor afetivo em família, 2 ed.
23. Gotinhas de fé e de vida
24. Símbolos natalinos

Pe. Alírio José Pedrini, SCJ

NOVENA MEU NATAL COM JESUS

Edições Loyola

Preparação: Maurício Balthazar Leal
Capa: Walter Nabas
Diagramação: Miriam de Melo
Revisão: Ivone Andrade

Edições Loyola
Rua 1822, 341 – Ipiranga
04216-000 São Paulo, SP
T 55 11 3385 8500
F 55 11 2063 4275
editorial@loyola.com.br
vendas@loyola.com.br
www.loyola.com.br

Todos os direitos reservados. Nenhuma parte desta obra pode ser reproduzida ou transmitida por qualquer forma e/ou quaisquer meios (eletrônico ou mecânico, incluindo fotocópia e gravação) ou arquivada em qualquer sistema ou banco de dados sem permissão escrita da Editora.

ISBN 978-85-15-03680-6

© EDIÇÕES LOYOLA, São Paulo, Brasil, 2009

SUMÁRIO

APRESENTAÇÃO 7

13 PRIMEIRA CELEBRAÇÃO

SEGUNDA CELEBRAÇÃO 22

32 TERCEIRA CELEBRAÇÃO

QUARTA CELEBRAÇÃO 41

51 QUINTA CELEBRAÇÃO

SEXTA CELEBRAÇÃO 61

70 SÉTIMA CELEBRAÇÃO

OITAVA CELEBRAÇÃO 80

90 NONA CELEBRAÇÃO

CANTOS PARA AS CELEBRAÇÕES DE NATAL 101

APRESENTAÇÃO

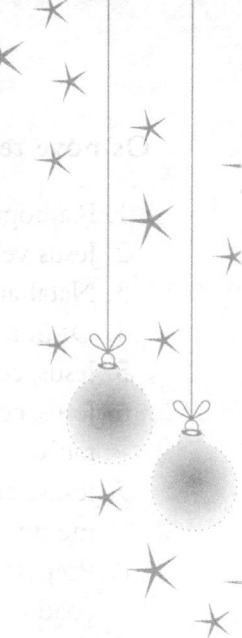

Estas nove celebrações evangelizadoras, elaboradas a partir do acontecimento do Natal, têm por finalidade "evangelizar o coração dos participantes", levando-os a uma aceitação pessoal mais profunda da pessoa de Jesus Cristo vivo, bem como à criação de um relacionamento pessoal mais consciente, salvífico e santificador com ele.

Constituição das celebrações natalinas evangelizadoras

- Comentário inicial
- Canto inicial natalino
- Oração inicial feita por todos os participantes
- Celebração da Palavra de Deus: leitura, salmo responsorial e Evangelho
- Pregação evangelizadora a partir do Natal
- Preces dos fiéis
- Canto final
- Despedida

Os nove temas das pregações evangelizadoras

1. Radiografia do Natal celebrado nos dias atuais
2. Jesus veio ao nosso encontro no primeiro Natal
3. Natal atual, novo acolhimento de Jesus vivo
4. Os grandes personagens do Natal
5. Jesus, celebrado no Natal, é nosso Salvador pessoal
6. Jesus, celebrado no Natal, é essencialmente amor e coração
7. Jesus, celebrado no Natal, nos questiona profundamente
8. Preparação espiritual imediata para um Natal abençoado
9. Como celebrar o dia do Natal de Jesus

Possibilidades de uso destas celebrações evangelizadoras do Natal

- Em grupos de famílias
- Em pequenas comunidades
- Em grupos de reflexão
- Em CEBs
- Em grupos de oração
- Em comunidades de religiosos consagrados
- Em hospitais, com enfermos e funcionários
- Em asilos de idosos
- Em comunidades eclesiais rurais
- Em condomínios residenciais
- Em igrejas paroquiais, usando-as como "Celebração da Palavra" da Santa Missa
- Em igrejas paroquiais ou capelas, como novena preparatória para o Natal
- Em programas de rádio etc.

Forma intensiva

Se a preparação para o Natal for realizada em grupos, de famílias, os dirigentes da novena poderão discernir com elas se seria mais favorável realizá-la mais intensivamente, ou seja, já que se reuniriam para meia hora de celebração, durante nove dias, talvez preferissem permanecer durante uma hora e realizar duas celebrações em cada encontro. Dessa forma, poderiam iniciar numa segunda-feira e terminar numa sexta-feira, uma vez que aos sábados e aos domingos sempre aparecem outros compromissos.

Nesse caso, os responsáveis devem omitir aquilo que seria repetido desnecessariamente, como o abraço da paz e as orações finais da primeira celebração de cada encontro.

Símbolos de Natal

Os dirigentes da novena podem enriquecê-la apresentando, ao final de cada celebração, um símbolo natalino, como a árvore de Natal, a Coroa do Advento, as bolas coloridas etc. A explicação dos símbolos do Natal encontra-se no livro intitulado *Símbolos natalinos*, publicado por Edições Loyola.

Orientações necessárias aos dirigentes

1. É muito importante para a boa participação e, principalmente, para o bom resultado das celebrações evangelizadoras que a equipe encarregada seja bem escolhida e se prepare muito bem, tanto espiritual como pedagogicamente.
2. É fundamental que o dirigente, os leitores e o evangelizador (pregador) se preparem com relativa antecedên-

cia para realizar sua parte com muito desembaraço e com excelente desempenho. Não devem apenas "ler", mas "proclamar" com ênfase, com muita expressão, estabelecendo uma ótima comunicação com os participantes.
3. O(s) evangelizador(es) (pregador[es]) tem(têm) papel fundamental. Deve(em) preparar as evangelizações com muito cuidado, amor e zelo. Como há nove evangelizações, numa sequência natural, o evangelizador deve manter-se no tema de cada dia. Não pode improvisar. Deve preparar-se de tal maneira que possa fazer o anúncio acompanhando o texto proposto, tendo-o quase decorado.
4. É bom que os participantes tenham este livro em mãos, pelo menos um para cada duas pessoas. Caso contrário, a equipe deve providenciar o material necessário para a boa participação de todos, como: cópias com a letra dos cantos (que se encontram ao final deste livro), com a oração inicial, com os refrões do salmo de meditação, com a invocação das preces de cada dia. Se realizadas em local maior, pode-se usar um retroprojetor ou outro aparelho. Sem esse material, os participantes podem ficar muito passivos, sem melhores frutos espirituais.
5. De acordo com o lugar e o grupo participante, podem ser divididas com os que tiverem boas condições de execução as diversas tarefas menores da celebração, por exemplo as leituras, o salmo responsorial, as preces etc.
6. É sempre muito útil e proveitoso quando se pode ter alguém, com boa voz e com boa prática, para ensaiar e executar os cantos, bem como alguém para acompanhar os cantos com algum instrumento, como violão ou

teclado. Alguém que saiba tocar bem e que realmente ajude.
7. Se as celebrações forem realizadas em grupos de famílias, é importante que a equipe encarregada visite, convide e marque exatamente o endereço e o horário do início das celebrações.
8. É importante que a equipe procure realizar as celebrações em clima de oração, com o necessário silêncio e com muita piedade. A equipe e o dirigente da celebração do dia, inteligentemente, devem criar o melhor clima de silêncio, concentração e piedade possível para as celebrações.
9. É recomendável dar atenção particular à participação das crianças e dos jovens. De acordo com o local da celebração, é bom oferecer-lhes um lugar favorável à sua concentração e ao seu aproveitamento.
10. Se as celebrações forem realizadas em grupos de famílias, a equipe deve procurar envolver os homens — adultos e jovens — para que participem vivamente e possam preparar seus corações para o Natal de Jesus.
11. Ao final da preparação para o Natal, no último dia, conforme o local, a equipe pode realizar uma pequena confraternização natalina, com cartões, salgadinhos e refrigerantes.

PRIMEIRA CELEBRAÇÃO

Dirigente:

Prezados amigos,

Iniciamos, com a agradável presença de todos, os preparativos para a grande festa do Natal. É grande a alegria pela presença de todos. De nossa parte, estamos certos de que todos vocês gostarão de participar da novena. Vamos nos preparar para o Santo Natal. Natal é a nossa festa. É a festa em que nós queremos nos unir para festejar o aniversário e realizar o novo nascimento espiritual de Jesus Cristo, o nosso Salvador. O Natal é festa de alegria, paz e amor, porque Jesus nasceu, e quer nascer e crescer espiritualmente em cada um de nós.

Para iniciar, vamos pedir que Jesus se faça presente. Ele disse: "Onde dois ou mais se reunirem em meu nome, eu estarei no meio deles". Falemos com Jesus por meio do canto e da oração inicial.

Canto nº 1: "Noite feliz", p. 101.

Dirigente:

Oremos todos juntos, pausadamente.

Todos:

Ó Jesus,
no dia do Natal,
nascestes da Virgem Maria
e viestes nos ensinar os caminhos do amor.
Nascendo entre nós,
vós nos adotastes como vossos irmãos,
nos tornastes filhos do Pai celeste
e nos reunistes na grande família da Igreja.
Quando viestes, tivestes que nascer na
fria gruta de Belém.
Agora que vindes de novo, neste dia de Natal,
nós queremos receber-vos muito bem.
Queremos aceitar-vos como nosso Salvador e
queremos ouvir,
aceitar e viver melhor vossos ensinamentos.
Vinde, Senhor Jesus, nossos corações estão abertos.
Vinde, Senhor Jesus, nossas famílias estão abertas.
Vinde, Senhor Jesus, estamos à vossa espera.

Dirigente:

Nós falamos a Jesus pelo canto e pela oração. Ele também quer nos falar. A Bíblia é a palavra de Deus, escrita também para nós. Hoje, Deus Pai nos faz uma promessa: promete o Salvador. Promete que manda o seu Filho para nos salvar. Isaías, um homem de Deus que viveu 750 anos antes de Jesus nascer, já profetizou a vinda do Messias, o Salvador. Profetizou que Ele seria filho de uma Virgem, seria o Emanuel, isto é, o Deus no meio de nós, o Deus feito homem para viver conosco. Ouçamos com atenção a palavra de Deus.

Primeiro leitor:

Isaías, capítulo 7, versículos 10 a 17.

Dirigente (logo após a leitura):

Deus nos orienta por sua palavra. Respondamos-lhe pedindo que Jesus venha no Natal. Repitam todos, após cada estrofe do Salmo: Vinde, Senhor Jesus, vinde nos salvar.

Todos:

Vinde, Senhor Jesus, vinde nos salvar.

Salmista:

Inclinai, Senhor, os vossos ouvidos, e atendei-nos, porque somos pobres e miseráveis.
Protegei nossa alma, pois vos somos fiéis.
Salvai os vossos servos que em vós confiam.

Todos:

Vinde, Senhor Jesus, vinde nos salvar.
Escutai, Senhor, a nossa prece.

Atendei à nossa voz suplicante.
Neste tempo de angústia,
É para vós que elevamos nossa alma.

Todos:

Vinde, Senhor Jesus, vinde nos salvar.

Todas as nações que criastes virão vos adorar
e glorificar vosso nome, ó Senhor.
Porque sois grande e operais maravilhas.
Só vós sois o nosso Deus.

Todos:

Vinde, Senhor Jesus, vinde nos salvar.

Dirigente:

O Evangelho que ouviremos nos conta como o Anjo São Gabriel apareceu à Virgem Maria para dizer-lhe que seria a Mãe do Salvador prometido por Deus. Maria foi a jovem escolhida e preparada por Deus especialmente para ser a Mãe de Jesus. Ouçamos com atenção.

Segundo leitor:

Lucas, capítulo 1, versículos 26 a 38.

Evangelizador(a):

Tema: Radiografia do Natal celebrado nos dias atuais

Prezados amigos,

Neste primeiro dia de nossa preparação para o Natal, queremos relembrar como se festeja o Natal entre nós em nossos dias. Queremos fazer uma espécie de fotografia do Natal dos anos passados, e depois analisá-la com olhares cristãos.

Já no final de novembro e no começo de dezembro, todo mundo se preocupa com as compras de Natal. Móveis novos, roupas, TVs, brinquedos para as crianças, cartões, presentes de toda espécie, árvores de Natal, luzes, presépios. Pais compram presentes para os seus filhos. Namorados preparam surpresas uns para os outros. Marido e esposa compram presentes um para o outro. Pais e filhos adquirem presentes que agradem e que demonstrem amor e gratidão. As pessoas enviam presentes, brindes, cartões, telegramas aos seus amigos. Em todas as famílias há preocupações com roupas, comidas, bebidas, com a ceia natalina, com jantares, convites, surpresas... É a correria do Natal. É a fotografia do Natal.

Vamos parar para examiná-la. Por que essa correria toda? Por que tudo isso no Natal? Por que justamente no dia 25 de dezembro? Não seria melhor e mais apropriado fazer tal festa no primeiro dia do ano?

Natal. O que é o Natal para provocar toda essa movimentação nas famílias, nas pessoas, no comércio, na sociedade? O que é o Natal para despertar tantos festejos, tanta alegria, tantas confraternizações?

Poderíamos dar várias respostas: porque é uma antiga e bela tradição cristã! Porque é muito lindo esse dia, pela alegria das crianças que recebem presentes. Porque é festa de paz e amor.

Meus amigos, essas respostas — se bem examinadas — não revelam a verdadeira realidade do Natal! Poucos, pouquíssimos conhecem o sentido do Natal. Poucos sabem por que se dão presentes... por que armamos as árvores de Natal... por que bolas coloridas, luzes, estrelas, ceias etc. A verdade é que, infelizmente, o Natal perdeu todo o seu sentido cristão. A festa do Natal esvaziou-se. E mais: o Natal foi comercializado.

É verdade que o Natal ainda é uma festa de alegrias, de confraternizações familiares, de felicidade das crianças, por causa dos presentes. Mas os presentes são oferecidos sem que se saiba o porquê. As ceias, os jantares, as compras feitas já não têm uma motivação ligada ao sentido verdadeiro do Natal. E para muita gente o Natal é apenas uma oportunidade para comer, beber... e até para bebedeiras e farras.

Diante dessa realidade, chegamos facilmente à conclusão de que o Natal perdeu o seu sentido cristão. O Natal tornou-se uma festa profana. Não se conhece mais o sentido verdadeiro do Natal. Mesmo a maior parte dos católicos — sejamos sinceros — desconhece o significado do Natal e não o celebra de modo cristão.

Por isso é que nós iniciamos esta novena, para a cristianização do nosso Natal. Queremos dar à festa do Natal o verdadeiro sentido cristão que ela deve ter. Queremos preparar essa festa em um clima de espiritualidade e de alegria cristãs. Durante nove dias, parte por parte, vamos recordar e reaprender todo o sentido cristão dessa festa tão linda e maravilhosa.

Comecemos. Natal! O que significa essa palavra? Ela vem de "nascer", e "nascimento". Natal é a festa do nascimento de alguém. Realmente, Natal é a festa do nascimento de Jesus Cristo, Filho de Deus, nosso Salvador, que se tornou homem, para viver como os homens, a fim de salvá-los. O Natal, pois, é a festa do nascimento e do aniversário de Jesus Cristo, filho de Nossa Senhora, concebido por milagre do Espírito Santo, nascido em Belém, pobre e humilde, mas nascido como Salvador de todos os seres humanos.

Nós festejamos e comemoramos muitos aniversários: o nosso, os dos nossos pais e irmãos, do esposo, da esposa, dos filhos, dos netos, dos amigos... É importante e justo celebrar também, com toda a solenidade e toda a alegria, o aniversário de Jesus Cristo. Tanto mais porque Ele é o nosso Salvador e amigo, que se fez nosso irmão e deu a sua vida para a nossa salvação eterna.

Vamos reafirmar: O Natal é a festa do nascimento e do aniversário de Jesus. Devemos, pois, festejar Jesus vivo com muita alegria, com uma belíssima festa. Ele bem o merece!

As árvores coloridas e luminosas, os presentes, as roupas novas, tudo enfim deve lembrar que Jesus nasceu, que Ele está conosco, que Ele nos ama e que Ele é o nosso Salvador pessoal. O Natal é festa de alegrias, de celebrações e confraternizações, de presentes, de amor, de paz e de felicidade porque nasceu Jesus Cristo, porque é o seu aniversário e porque marcou o começo da nossa salvação.

Neste Natal Jesus vem de novo! Preparemos nossos corações para recebê-lo.

Vinde, Senhor Jesus! Vinde novamente neste Santo Natal.

Dirigente (logo após a pregação do dia):

Que belos ensinamentos! Guardemo-los em nossos corações!

Elevemos, meus amigos, nossa voz para pedir a Jesus que venha novamente neste Natal, para aumentar a nossa fé em sua pessoa, bem como para dar-nos força na luta pela nossa salvação. Após cada pedido, digam: Vinde novamente, Jesus, vinde no Santo Natal.

1. Para iluminar ainda mais a vossa Igreja, para proteger o Santo Padre, o papa Bento XVI, para proteger e guiar o nosso bispo, dom ..., e os padres que trabalham em nossa comunidade, vinde, Jesus.

Todos:

Vinde novamente, Jesus, vinde no Santo Natal (repetir a cada invocação).

2. Para abençoar as nossas famílias e para que haja paz, amor e compreensão entre os esposos, pais e filhos, patrões e empregados, vinde, Jesus.
3. Para termos coragem e força para abrir os nossos corações e as nossas vidas para a vossa vinda, neste Natal, vinde, Jesus.
4. Para que tenhamos boa vontade de nos preparar muito bem para o vosso Natal, vinde, Jesus.
5. Para trazer paz à terra, cheia de guerras e ódios, de maldade, de fome, de ignorância e de exploração, vinde, Jesus.
6. Para dar alívio e força a todos os que sofrem de toda espécie de doenças, de problemas ou de situações de sofrimentos, vinde, Jesus.
7. Para converter os pecadores, abrir os olhos daqueles que erram, para que voltem a uma vida de bem, vinde, Jesus.

Dirigente (oração):

Senhor Jesus Cristo, que nascestes entre nós para vos tornardes em tudo igual a nós, menos no pecado, vinde novamente neste Natal. Queremos nos preparar dignamente para receber-vos com fé e amor. Vinde, Jesus, nós vos aguardamos com ansiedade. Só em vós está a nossa vida e a nossa salvação.

Maria, mãe de Jesus e nossa, preparai as nossas vidas, assim como preparastes a vossa, para a chegada de Jesus. Ajudai-nos a abrir ainda mais os nossos corações ao vosso filho neste Santo Natal. Amém.

Canto nº 12, "Sinos de Natal", p. 108.

(**Sugestão**: Mostrar e explicar o símbolo natalino da Coroa do Advento ou guirlanda, que se encontra no livro *Símbolos natalinos*.)

Dirigente:

Para concluir este nosso primeiro encontro, demo-nos as mãos e saudemos o Pai celeste que nos presenteou com o seu Filho. Digamos: Pai nosso, que estais nos céus... Saudemos, também, aquela que nos trouxe Jesus. Digamos: Ave, Maria, cheia de graça...

Queridos amigos, terminamos assim o nosso primeiro passo de preparação para o Santo Natal. Amanhã estaremos novamente juntos, com muita alegria, para continuar essa preparação. Antes de irmos para nossas casas, saudemo-nos, desejando-nos muita paz de Deus para os nossos corações e as nossas famílias.

(Todos se cumprimentam desejando a paz trazida por Jesus; pode-se entoar mais um canto.)

SEGUNDA: CELEBRAÇÃO

Dirigente:

Prezadas irmãs e caros irmãos,

Saúdo a todos com alegria, e desejo que a paz do Deus vivo se manifeste em nossos corações e permaneça para sempre. Neste segundo dia de preparação, queremos refletir sobre a realidade da vinda de Jesus Cristo ao mundo dos homens.

A primeira vinda de Jesus, quando nasceu em Belém, foi o maior acontecimento da nossa história. A história universal é dividida em duas partes: "antes de Cristo" e "depois de Cristo". Isto é, uma parte da história aconteceu antes de Jesus nascer... antes do Natal. E outra parte aconteceu depois de Jesus nascer... depois do Natal.

Só por esse fato já podemos perceber a grande importância da pessoa de Jesus e a beleza da festa do Natal. Mas por que o nascimento de Jesus é tão importante? Por que motivo o Natal é tão festejado? É o que vamos explicar neste encontro.

Iniciemos a nossa celebração fazendo o sinal da cruz e invocando o nome da Santíssima Trindade. Em nome do Pai, do Filho e do Espírito Santo. Amém.

Convido todos a entoar o canto "Cristãos, vinde todos", nº 2, p. 102.

Todos:

Ó Jesus vivo,
que nascendo no dia do Natal,
viestes ao nosso meio para ser o nosso Salvador pessoal.
Nós vos acolhemos com muita alegria
neste dia do vosso aniversário.
Nós declaramos, Jesus, que queremos abrir os nossos corações
para acolher-vos ainda mais como o nosso melhor amigo,
o nosso mestre e o nosso Salvador.
Nós precisamos muito das graças de vossa salvação.
Por isso vos pedimos:
Vinde, Senhor Jesus, nossos corações estão abertos.
Vinde, Senhor Jesus, nossas casas estão abertas.
Vinde, Senhor Jesus, estamos à vossa espera.

Dirigente:

A Bíblia é palavra de Deus, escrita também para nós. Ouçamos a pequena história de como surgiu o mal. Adão e Eva simbolizam o início da humanidade. Já ali percebemos a presença do mal no coração humano. O mal que entrou na vida deles passou para toda a humanidade. Esse mal é chamado de "pecado original" ou "pecado das origens". Mas, ao ver o ser humano infeliz, seduzido por suas tendências negativas, transviado e afastado de Deus, o Pai celeste ficou penalizado, sentiu compaixão e prometeu-lhe um Salvador. Ouçamos.

Primeiro leitor:

Gênesis, capítulo 3, versículos 1 a 15.

Dirigente (logo após a leitura):

Deus se preocupa muito com a nossa felicidade. Ele quer que todos sejamos felizes. Peçamos a Jesus que venha nos ensinar os caminhos do bem, que são os caminhos da felicidade do coração. Digam todos, após cada estrofe do salmo: Senhor Jesus, mostrai-nos os vossos caminhos.

Todos:

Senhor Jesus, mostrai-nos os vossos caminhos.

Salmista:

Que Deus nos dê a sua graça e a sua bênção,
e a sua face resplandeça sobre nós!
Que na terra se conheça o seu caminho,
e a sua salvação por entre os povos.
Que as nações vos glorifiquem, ó Senhor!
Que todas as nações vos glorifiquem!

Todos:

Senhor Jesus, mostrai-nos os vossos caminhos.

Exulte de alegria a terra inteira,
pois julgais o universo com justiça;
os povos governais com retidão,
e guiais em toda a terra as nações.
Que as nações vos glorifiquem, ó Senhor!
Que todas as nações vos glorifiquem!

Todos:

Senhor Jesus, mostrai-nos os vossos caminhos.

A terra produziu a sua colheita:
o Senhor e nosso Deus nos abençoa!
Que o Senhor e nosso Deus nos abençoe,
que as nações vos glorifiquem, ó Senhor!
Que todas as nações vos glorifiquem!

Dirigente:

Ouçamos a maravilhosa história que nos lembra como o Salvador, prometido por Deus, nasceu na gruta de Belém. A história é simples, mas conta o nascimento do Deus que se fez homem, para nos salvar de todos os nossos males. É maravilhoso perceber como Jesus, sendo Filho de Deus, nasceu tão humilde, pobre e oculto. Ouçamos.

Segundo leitor:

Mateus, capítulo 1, versículos 18 a 25.

Evangelizador(a):

Tema: Jesus veio ao nosso encontro no primeiro Natal

Prezados amigos,

Ontem falamos que o Natal é a festa na qual festejamos o nascimento e o aniversário de Jesus Cristo e o início da nossa salvação. Vocês poderiam perguntar: "Por que, ainda hoje, depois de dois mil anos, se celebra com uma festa tão grande e tão bela o nascimento e o aniversário de Jesus?". A resposta é: "Porque o nascimento de Jesus marcou a chegada do Deus Salvador e, portanto, o começo real da salvação da humanidade e da nossa própria salvação pessoal." Podemos, então, afirmar: "Se eu, enquanto estou vivendo, posso ser salvo, liberto e curado dos meus pecados, dos meus males e dos meus problemas, é porque Jesus nasceu! É porque Ele está no meio de nós!".

Ainda há pouco vocês ouviram, na leitura bíblica, que os primeiros seres humanos foram atingidos pelo mal do pecado original. Porque eles eram o início da humanidade, o mal que entrou neles passou a todos os seres humanos e chegou até nós. Todos nós podemos perceber a existência da força desse mal. Aí estão, por exemplo: o orgulho, a inveja, a vaidade, a preguiça, a maledicência, a mentira, a sensualidade, o egoísmo, o materialismo, as ganâncias, o erotismo sob todas as formas, os medos, a solidão, as descrenças e todas as demais imperfeições. Esses males são os sinais claros, claríssimos, da presença do pecado das origens nos nossos corações. Todos nós já experimentamos algumas dessas forças negativas.

Por causa desse mal todos havíamos perdido a amizade de Deus, e o nosso coração afastou-se do seu amor. A perda da amizade de Deus e as forças do mal que existem em nós são a causa primeira de quase todos os nossos erros e males.

Por outro lado, o mal que penetrou no coração humano é a causa de todos os enormes males da sociedade e da humanidade. Todas as guerras, a fome que mata milhões de pessoas, a falta de hospitais e postos de saúde, a falta de escolas para todos, a falta de terra e moradia para muitas famílias, o desemprego, o problema das crianças abandonadas, dos jovens drogados e marginalizados, o terrível pecado do aborto, as separações dos casais, que causam tantos sofrimentos, a exploração das nações pobres pelas ricas, a corrupção política, enfim, todos os males sociais, nacionais e internacionais nascem, existem e acontecem por causa das forças do mal que afetou os corações humanos. É de dentro dos corações das pessoas que surgem todos esses males! É o próprio ser humano que os provoca, que os faz acontecer. Atenção: Deus não quer esses males! Eles não vêm de Deus! Deus quer só o bem. O bem de todos e de cada um.

Como ouvimos na primeira leitura, logo que Deus viu toda a humanidade mergulhada em toda espécie de erros e males, ele nos prometeu um Salvador. Por puro amor e compaixão para conosco, Deus Pai prometeu enviar o seu próprio Filho para nos libertar de todos esses males. Deus Pai nos avisou por meio dos profetas que Jesus nasceria de uma Virgem. Que viria para nos ensinar a mensagem do amor a Deus e ao próximo. Que morreria na cruz para resgatar-nos dos nossos pecados pelo preço do seu sangue e pela entrega da sua vida até à morte na cruz. Mas depois de morto Jesus ressuscitaria, para ser a garantia e o exemplo da nossa futura ressurreição. Essa foi a grande promessa feita por Deus Pai no paraíso e repetida muitas vezes em todo o Antigo Testamento.

Quando chegou o tempo marcado por Deus Pai, a Virgem Maria, mocinha humilde de Nazaré, escolhida e preparada maravilhosamente por Deus Pai, foi avisada pelo Arcanjo Gabriel de que seria a Mãe do Salvador. De fato, naquele momento em que Maria aceitou o convite de Deus, ficou grávida por milagre do Espírito Santo. Ela concebeu em seu seio Jesus Cristo. O Filho de Deus Pai, que também é Deus, tornou-se também homem. Tornou-se igual a nós em tudo. Menos no pecado.

Nove meses depois, Maria e José estavam em Belém para dar seu nome no recenseamento decretado pelo imperador romano. A gravidez de Maria estava no fim. Jesus estava para nascer. Ao chegar em Belém, São José procurou um lugar, um quarto, nas hospedarias, onde Maria pudesse descansar e dar à luz. Foi em vão. Não encontrou. Foi, então, abrigar-se numa gruta natural, no meio de uma pastagem. Lá, naquela gruta fria, Jesus Cristo nasceu! Nasceu o Salvador da humanidade! Nasceu: o seu, o meu, o nosso Salvador!

Era Natal! Era a noite santa do Natal! Era a noite em que Deus veio ao nosso encontro para salvar-nos! Veio para reconduzir-nos à sua amizade, ao seu amor. Veio para reconciliar-nos uns com os outros, para formar uma grande família.

Para nós, e para toda a humanidade, foi muito importante o nascimento de Jesus. Eis aí por que o Natal é tão importante para nós! É justo, portanto, que façamos uma linda festa para Jesus no Natal e nos sintamos felizes nesse dia. A alegria do Natal é a alegria de gente que vive com Jesus e caminha com Ele nos caminhos da vida.

Vinde, Senhor Jesus, vinde novamente no Santo Natal!

Dirigente (logo após a pregação):

Meus amigos, após termos ouvido tão belas verdades, apresentemos a Jesus os nossos pedidos, para alcançarmos as luzes e as forças necessárias para abrirmos ainda mais o nosso coração ao Salvador, nesta preparação para o Santo Natal. Após cada prece, queiram afirmar: Vinde novamente, Jesus, manifestai a vossa salvação!

Todos:

Vinde novamente, Jesus, manifestai a vossa salvação!

1. Para renovar e fortalecer a Santa Igreja, para conservar em saúde o nosso Santo Padre, o papa, para proteger os bispos, os sacerdotes e todos os religiosos que servem na vossa Igreja, vinde, Jesus!
2. Para que este Natal seja para todos nós uma ocasião de aceitarmos ainda mais a vossa pessoa, os vossos ensinamentos e a vossa Igreja, vinde, Jesus!
3. Para aumentar os nossos bons desejos, firmar os nossos propósitos de viver como irmãos e como pessoas que caminham em fraternidade na Igreja, em busca de um mundo melhor e da libertação de todos os males, vinde, Jesus!
4. Para fazer crescer ainda mais o amor, o diálogo, o respeito e a boa vontade entre os casais, entre pais e filhos, entre empregadores e empregados, vinde, Jesus!
5. Para orientar os transviados, para dar paz aos revoltados, para fazer justiça aos injustiçados, para libertar os prisioneiros dos vícios e de todo tipo de escravidão. vinde, Jesus!

6. Para consolar, fortalecer e iluminar os nossos idosos e doentes, a fim de que façam dos seus sofrimentos um meio de aproximação de vós e uma fonte de bênçãos para as suas famílias, vinde, Jesus!

Dirigente (oração):

Senhor Jesus, nascendo da Virgem, em Belém, viestes participar de nossa vida humana. Quisestes passar por todas as nossas boas e amargas experiências, para nelas nos dar o exemplo de uma vida repleta de aceitação, doação e amor. Concedei-nos que, como fruto deste Natal, nos decidamos a viver uma vida de gente salva. Que o nosso modo de viver seja um exemplo para todos os que convivem conosco.

Maria, mãe de Jesus e nossa, preparai as nossas vidas, assim como preparastes a vossa, para a chegada de Jesus. Ajudai-nos a abrir ainda mais os nossos corações ao vosso Filho neste Santo Natal. Amém.

Dirigente (ou o encarregado do canto):

Saudemos aquela que nos trouxe Jesus, entoando o canto "Maria de Nazaré", nº 6, p. 104.
(**Sugestão**: Mostrar e explicar o símbolo natalino do presépio, que se encontra no livro *Símbolos natalinos*.)

Dirigente:

Para coroar a nossa celebração, oremos todos juntos ao Pai, assim como Jesus nos ensinou: Pai nosso, que estais nos céus...

Saudemos também Maria, aquela que no primeiro Natal nos trouxe Jesus Salvador: Ave, Maria, cheia de graça...

Dirigente:

Foi muito bom estarmos todos juntos. Demos um passo a mais em direção ao Natal de Jesus. Esperamos poder contar com a presença de todos amanhã, quando desejamos revê-los animados e felizes na caminhada de preparação para o Santo Natal. Muito grato a todos. Que o Deus da paz e da alegria esteja ainda mais presente nas nossas vidas e nas nossas famílias.

Antes de sair, queremos nos saudar com alegria, comunicando uns aos outros a paz divina e formulando votos de uma feliz preparação para o Natal.

(Todos se confraternizam com o abraço da paz; pode-se entoar mais um canto natalino.)

TERCEIRA CELEBRAÇÃO

Dirigente:

Prezados irmãos e irmãs,

É uma alegria e uma satisfação muito grande estarmos novamente todos reunidos para o nosso terceiro encontro de preparação para a festa do natalício de Jesus. Obrigado pela presença de todos.

Este dia será importante para a redescoberta do verdadeiro sentido do Natal. Queremos esclarecer, hoje, uma realidade do Natal que é muito esquecida. E porque é esquecida, a festa do Natal perdeu todo o seu sentido e não produz seus frutos espirituais. Nosso tema é: "Jesus vem novamente neste Natal". Diremos mais. Jesus precisa vir novamente! Precisa vir sempre de novo! Em cada Natal, Jesus precisa conquistar sempre mais o coração de cada pessoa. No decorrer da nossa preparação, todos perceberão o porquê.

Iniciemos a nossa celebração natalina fazendo o sinal da santa cruz e invocando a Trindade. Em nome do Pai, do Filho e do Espírito Santo. Amém.

Cantemos com o coração alegre o canto "Noite feliz", nº 1, p. 101.

Dirigente:

Elevemos nossos corações a Jesus e oremos todos juntos.

Todos:

Ó Jesus, nosso Deus e salvador,
nosso mestre e nosso amigo,
aqui estamos reunidos para abrir os nossos corações
para a vossa vinda neste Natal.
Nós queremos muito que a celebração do vosso nascimento e do vosso aniversário se transforme num Natal em nossos corações.
Queremos vos acolher de braços abertos,
pois precisamos sempre mais das vossas bênçãos
para vivermos como vossos discípulos e vossos amigos fiéis.
Por isso vos pedimos:
Vinde, Senhor Jesus, nossos corações estão abertos.
Vinde, Senhor Jesus, nossas famílias estão abertas.
Vinde, Senhor Jesus, estamos à vossa espera.

Dirigente:

Ouçamos o que Deus, nosso Pai, tem a nos dizer. Por meio do profeta Isaías, o Pai nos pede que preparemos os "caminhos do Senhor". Isto é, que preparemos os nossos corações, as nossas vidas, as nossas famílias, pois o Senhor vem. E vindo como um Bom Pastor, ele fará maravilhas e haverá de cuidar de nós com todo o cuidado. Ouçamos.

Primeiro leitor:

Isaías, capítulo 40, versículos 1 a 11.

Dirigente (logo após a leitura):

A melhor preparação para podermos receber Jesus é aperfeiçoarmos sempre mais o nosso modo de viver, de amar e de servir a todos, com amor. Declaremos a Jesus o nosso propósito de viver no amor, dizendo-lhe, após cada estrofe do salmo:

Vinde, Senhor Jesus, vinde no Santo Natal!

Todos:

Vinde, Senhor Jesus, vinde no Santo Natal!

Salmista:

Vinde, exultemos de alegria no Senhor!
Aclamemos o rochedo que nos salva!
Ao seu encontro caminhemos com louvores,
e com cantos de alegria o celebremos!

Vinde, adoremos e prostremo-nos por terra,
e ajoelhemo-nos ante o Deus que nos criou!
Porque ele é nosso Deus, nosso Pastor!
E nós somos o seu povo e seu rebanho,
as ovelhas que conduz com sua mão!

O Senhor certamente será o nosso refúgio.
O nosso Deus será o rochedo de nossa salvação.
Quando vê que nossos pés vacilam,
o Senhor vem e nos sustenta.

Dirigente:

O Pai do Céu continua a falar-nos. Agora através de São João Batista. Enviado para nos preparar para o Natal, São João Batista nos anuncia a chegada de Jesus, e com Jesus, a salvação. Aliás, ele retoma as palavras de Isaías, dizendo que é preciso preparar os caminhos do Senhor, isto é, preparar a nossa vida para a vinda de Jesus. Ouviremos o que João responde a todos os que lhe perguntam: "O que é preciso fazer para receber Jesus?".

Segundo leitor:

Lucas, capítulo 3, versículos 1 a 20.

Evangelizador(a):

Tema: Natal atual, novo acolhimento de Jesus vivo

Prezados amigos,

Ontem nós falamos sobre a primeira vinda de Jesus ao mundo, quando nasceu em Belém. Procuramos, também, explicar por que o nascimento de Jesus foi tão importante para nós e para toda a humanidade.

Hoje queremos esclarecer que Jesus "precisa nascer" sempre de novo, em cada Natal. Queremos relembrar que Jesus "precisa nascer" ou, se já nasceu, "precisa crescer" em cada coração.

Vamos explicar. Quando afirmamos que Jesus nasce, precisa nascer ou precisa crescer, não se deve entender que ele vai nascer fisicamente, de um novo parto, como nasceu em Belém. De fato, Jesus nasceu da Virgem Maria uma só vez, e para sempre! Não nasce mais fisicamente! Nunca mais! Agora, Jesus precisa nascer "espiritualmente" em cada coração.

Vamos usar um exemplo. Digamos que exista um homem de nome Ernesto, o qual nunca ouviu falar de Jesus. Ou, se ouviu falar, não deu a mínima importância, e por isso não crê em Jesus, não o aceitou como seu Salvador e não segue os seus ensinamentos. Podemos dizer que para Ernesto Jesus ainda não nasceu! Jesus ainda não existe para ele! Jesus ainda não é o seu Salvador pessoal!

No dia, porém, em que Ernesto ouvir falar de Jesus, e o seu coração se abrir à pessoa de Jesus vivo, e o aceitar como seu Salvador e seu Mestre, nesse dia Jesus "nascerá" para Ernesto. Agora sim aconteceu o primeiro Natal para Ernesto! Agora sim Jesus entrou na vida de Ernesto!

Jesus nasce, quer nascer, precisa nascer, em cada Natal, como "Salvador das pessoas"! A esta aceitação pessoal de Jesus como Salvador nós chamamos "nascimento espiritual". Felizmente são muitos os que a cada ano, em cada Natal, aceitam Jesus e começam a sua caminhada para a salvação.

Nós sabemos que muitos — talvez até familiares, amigos ou colegas — ainda não aceitaram Jesus e não acreditam nele! Ou não querem acreditar!... Para todas essas pessoas, Jesus ainda não nasceu! Elas não tiveram Natal! É preciso que Jesus nasça para elas! Ou seja: é preciso que Jesus seja apresentado a elas e seja aceito por elas. É preciso que Jesus se torne alguém muito vivo, importante e imprescindível nas vidas delas. No momento em que aceitarem Jesus e sua doutrina, uma grande luz brilhará dentro delas! É a luz da fé em Jesus e nos seus ensinamentos!

Tomo a liberdade de perguntar: Jesus já nasceu para você? Jesus existe como pessoa viva para você? Jesus é uma pessoa importante para você? Ele ocupa um lugar muito importante na sua vida? Você tem uma ligação forte com Jesus? Nós todos já aceitamos Jesus? Já assumimos a sua doutrina? Seguimos a sua Igreja? Jesus é realmente o nosso Salvador pessoal? É nele que procuramos encontrar solução para os nossos problemas?

Se podemos responder com um "Sim" bem consciente, somos pessoas felizardas! Jesus já nasceu para nós! Já tivemos o primeiro Natal! Estamos no caminho certo!

Se precisarmos responder com um "Não", ou um "Eu não havia pensado nisso", ou um "Eu não conhecia essas coisas", então chegou a hora da grande bênção de deixar Jesus entrar na nossa vida. Chegou a bênção do Natal. Jesus quer nascer... quer ser aceito por nós, para dirigir as nossas vidas pelos caminhos do amor, do bem, da fraternidade.

Estejamos certos! Por um grande amor por nós, Jesus quer nascer na nossa vida. Se ele já nasceu para nós, então ele quer "crescer" mais e mais. Isto é, ele quer estar ainda mais presente, mais vivo, mais atuante. Quer ocupar um lugar ainda maior em nossas vidas. Não fechemos o nosso coração. Pelo contrário, procuremos abri-lo ainda mais, muito mais, para que a sua verdade, a sua luz, a sua graça, a sua salvação sejam uma realidade maravilhosa em nossas vidas.

Vinde, Senhor Jesus! Nascei e crescei em cada um de nós, e dai-nos a vossa salvação.

Dirigente (logo após a pregação):

O Natal está bem próximo. Jesus quer vir, precisa vir novamente. Há tantos que ainda não o receberam. Peçamos-lhe a graça de podermos realizar um Natal verdadeiro nas nossas vidas e nas nossas famílias. Após cada prece, queiram orar, dizendo: Vinde novamente, Jesus, nós vos acolhemos com amor!

Todos:

Vinde novamente, Jesus, nós vos acolhemos com amor!

1. Para reacender a chama da fé em vossa pessoa e avivar o fogo do amor a Deus e ao próximo no coração de todos os cristãos, principalmente no coração das pessoas da nossa comunidade, vinde, Jesus!
2. Para restaurar, avivar, fortalecer e aprofundar o amor nas nossas famílias, a fim de que sejam ninhos de amor, de afetividade, de compreensão e colaboração, vinde, Jesus!
3. Para iluminar, converter e salvar todos os nossos irmãos que nunca tiveram um Natal de verdade, por não terem aceito a vossa pessoa e o vosso Evangelho, vinde, Jesus!
4. Para reacender em todos nós o sentido da vossa vinda, neste Natal que está tão próximo, e para que todos possamos abrir ainda mais as nossas vidas para a vossa pessoa, vinde, Jesus!
5. Para fazer das nossas paróquias uma grande família, viva e ativa na fé, no amor, na esperança e na participação de todas as ações transformadoras da nossa sociedade, vinde, Jesus!
6. Para abençoar as nossas crianças, a fim de que possam conhecer-vos pessoalmente, ter a felicidade de acolher a vossa pessoa e a vossa salvação, bem como para que sejam preservadas das doenças, da fome, da exploração e de toda maldade, vinde, Jesus!

Dirigente (oração):

Jesus, precisamos intensamente que se renove em cada um de nós o vosso nascimento. Às vezes vos esquecemos e até vos ignoramos. Agora que vindes novamente, entrai em nossas vidas para recriar a fé, a alegria e a paz. Não apenas abrimos as portas das nossas vidas. Queremos que entreis nelas e permaneçais para sempre. Vinde, Jesus, ficai sempre conosco.

Maria, mãe de Jesus e nossa, preparai as nossas vidas, assim como preparastes a vossa, para a chegada de Jesus. Ajudai-nos a abrir ainda mais os nossos corações ao vosso Filho neste Santo Natal. Amém.

(**Sugestão**: Mostrar e explicar o símbolo natalino da árvore de Natal, que se encontra no livro *Símbolos natalinos*.)

Dirigente (ou o encarregado do canto):

Animados pela alegria que Jesus desperta nos nossos corações com o seu Natal, cantemos "Glória a Deus na imensidão", n° 4, p. 103.

Dirigente:

Para coroar a nossa celebração, oremos todos juntos ao Pai, assim como Jesus nos ensinou: Pai nosso, que estais nos céus...

Saudemos com alegria aquela que nos trouxe e nos traz novamente Jesus Salvador: Ave, Maria, cheia de graça...

Dirigente:

Terminamos mais um dia da nossa preparação para o Santo Natal. Caminhamos, com certeza, para mais perto de Jesus, a quem queremos festejar muito bem na sua grande festa. Muito obrigado a todos pela participação tão boa e pelo interesse demonstrado. Que as bênçãos divinas estejam ainda mais presentes nos nossos corações e nas nossas famílias.

Antes da despedida, saudemo-nos com a paz divina e com os votos de um Natal maravilhoso.

(Todos se confraternizam com o abraço da paz; pode-se entoar um canto natalino apropriado.)

QUARTA — CELEBRAÇÃO

Dirigente:

Sejam bem-vindos, irmãos e irmãs. Na alegria pela presença de todos, iniciamos mais um encontro preparativo para o Santo Natal.

Neste quarto dia da nossa novena, queremos penetrar com o nosso coração na grandeza do Natal e contemplar todas as pessoas envolvidas nesse acontecimento tão belo e tão importante para a humanidade e para cada um de nós. Com certeza, faremos descobertas interessantes. No decorrer do nosso encontro, revelaremos cada uma das pessoas mais envolvidas no Natal de Jesus.

Iniciemos a nossa quarta celebração traçando sobre nós mesmos o sinal da cruz redentora e invocando a Trindade santa. Em nome do Pai, do Filho e do Espírito Santo. Amém.

Entoemos com alegria o canto "Glória a Deus", n° 3, p. 102.

Dirigente:

Elevemos a Jesus os nossos corações e oremos juntos.

Todos:

Ó Jesus aniversariante,
no dia do Natal vós nascestes na gruta fria de Belém,
mas estáveis cercado de pessoas muito queridas,
que vos receberam com muita alegria.
Como Maria e São José,
como os santos Pastores e os santos Reis,
nós vos acolhemos com igual alegria e
com a mesma felicidade.
O exemplo dessas pessoas nos anima a
nos preparar muito bem
para o Natal que se aproxima.
Por isso vos pedimos:
Vinde, Senhor Jesus, nossas famílias vos aguardam.
Vinde, Senhor Jesus, nossos corações estão abertos.
Vinde, Senhor Jesus, estamos à vossa espera.

Dirigente:

O Espírito Santo inspirou São Paulo a escrever-nos uma carta muito simples, mas cheia de belíssimas revelações. Percebemos nela como o Pai celeste envia o seu Filho, nascido de uma mulher, para tornar-nos filhos de Deus.

Ouçamos com atenção.

Primeiro leitor:

Gálatas, capítulo 4, versículos 4 a 7.

Dirigente (logo após a leitura):

Que maravilha! Já não somos escravos, mas filhos. Filhos de Deus e herdeiros da herança celeste. Saudemos e aclamemos o nosso Salvador, dizendo todos juntos depois de cada salmo: Vinde, Jesus, ensinai-nos a viver como filhos de Deus.

Todos:

Vinde, Jesus, ensinai-nos a viver como filhos de Deus.

Salmista:

Sois vós, ó Senhor, o meu Deus,
desde a aurora ansioso vos busco!
A minh'alma tem sede de vós!
Minha carne também vos deseja,
como terra sedenta e sem água!
Venho, assim, contemplar-vos no templo,
para ver vossa glória e vosso poder!
Vosso amor vale mais do que a vida,
e por isso meus lábios vos louvam!

Quero, pois, vos louvar pela vida,
e elevar para vós minhas mãos.
A minha alma será saciada,
como em grande banquete de festa!
Cantará a alegria em meus lábios,
ao cantar para vós meu louvor!

Dirigente:

São Lucas, em seu Evangelho, conta-nos como, tendo Jesus nascido em Belém, os Anjos anunciaram aos pastores a grande notícia. Estes acreditaram e correram para ver o Menino nascido.

Segundo leitor:

Lucas, capítulo 2, versículos 8 a 14.

Evangelizador(a):

Tema: Os grandes personagens do Natal

Prezados amigos,

Prosseguindo em nossa preparação para a festa do Natal e do aniversário de Jesus Cristo, queremos penetrar bem no fundo do coração dessa celebração, para descobrir nela todas as pessoas envolvidas. Quais são essas pessoas? Você já pensou nelas? Alguém já lhe falou delas? Hoje queremos apresentá-las a vocês.

A primeira pessoa muito envolvida no Natal de Jesus é "Deus Pai, o Pai celeste".

O acontecimento do Natal começou no coração do nosso bom Pai do céu. Já no paraíso, logo depois do pecado de Adão e Eva, o Pai percebeu toda a infelicidade que havia entrado no coração deles, e no coração de todas as pessoas de todos os tempos. O Pai percebeu a existência das guerras, da fome, das doenças, da pobreza, da violência, do ódio, dos abortos, dos sequestros, a destruição das famílias, as drogas, as perversões sexuais, as falsas religiões; enfim, todos os males humanos que já aconteceram e que ainda acontecerão.

Diante disso o Pai ficou muito impressionado! Muito triste! Ele nos havia criado para a felicidade, e ali estava o ser humano, infeliz, cheio de problemas e sofrimentos. Seu coração de Pai se revolveu em dó e compaixão. Então, movido por seu imenso amor, idealizou um maravilhoso plano de salvação para nós, que seria realizado por meio de seu Filho, Jesus, que veio até nós no Natal. Por vontade do Pai, Jesus veio para ser o nosso Salvador.

Por isso, na festa de Natal, Deus Pai ocupa um lugar muito especial. E nós não podemos esquecê-lo, e queremos homenageá-lo e agradecer-lhe de todo o coração por nos ter dado o seu Filho único.

A segunda pessoa muito envolvida no Natal é "Deus Filho, Jesus Cristo, o Menino do presépio". Aliás, ele é a pessoa que mais se destaca na celebração do Natal. Jesus é o centro, o coração do Natal. Ele é o celebrado, o aniversariante.

Jesus mostrou o seu imenso amor pela humanidade aceitando vir até nós para nos salvar de todos os males. Aceitou encarnar-se no seio da Virgem Maria; aceitou viver no meio de nós, fazer a experiência humana de viver numa família, a experiência do trabalho e da pobreza. Jesus aceitou ser o evangelizador do Evangelho da Salvação. Aceitou entregar-se ao sofrimento da flagelação, da coroação de espinhos. Jesus aceitou carregar a cruz, ser crucificado, morrer e ser sepultado. Aceitou ressuscitar e ficar conosco para sempre na Eucaristia. Jesus aceitou fundar a Igreja e dar-nos toda a riqueza espiritual de que precisamos para a nossa redenção pessoal e a nossa santificação. Jesus aceitou tudo por amor! Por amor ao Pai, e por amor a você, a mim, a todos nós, para a nossa salvação.

Quão grande e admirável foi, e é ainda agora, o amor de Jesus por nós! Neste Natal, portanto, queremos celebrar e acolher esse imenso, maravilhoso e impressionante amor de Jesus.

A terceira pessoa também muito presente no Natal é o "Espírito Santo". Deus Pai quis que o Espírito Santo também participasse decididamente na realização da nossa salvação.

Foi o Espírito Santo quem milagrosamente engravidou a Virgem Maria para que concebesse em seu ventre o corpo humano do Filho de Deus. Assim, o Filho da Virgem Maria seria, também, verdadeiro Filho de Deus, por ter sido concebido por milagre do Espírito Santo, que é Deus. O Espírito Santo continuou agindo na mente e no coração de Maria para que ela pudesse compreender, aceitar e colaborar direta e eficazmente em toda a vida do seu Filho, Jesus. Maravilhas fez o Espírito Santo em Nossa Senhora.

Neste Natal não podemos deixar de honrá-lo e glorificá-lo por sua participação na vinda e na vida de Jesus e de Maria.

A quarta pessoa também muito evidente no Natal é "Maria de Nazaré", a mãezinha de Jesus. Deus Pai queria que o seu Filho nascesse de uma mulher maravilhosa! De uma mulher bela e santa. Por isso, escolheu e preparou maravilhosamente a Virgem, Maria de Nazaré. Pela ação poderosa do Espírito Santo, Deus Pai a preservou do pecado original e a fez "cheia de graça", desde a sua concepção, no ventre de sua mãe, Santa Ana.

Nossa Senhora teve participação decisiva nas maravilhas do Natal. Foi ela quem disse um "sim" a Jesus. Foi ela quem o gerou no seu ventre virginal. Foi ela quem o deu à luz, quem o amamentou e dele cuidou durante a infância, a meninice, a adolescência e a juventude. No Natal queremos homenageá-la pelo Filho maravilhoso que ela gerou e o qual nos deu como Salvador.

Neste Natal queremos homenageá-la por nos ter dado Jesus.

Outro personagem do Natal é São José. José é o esposo legítimo de Maria, mãe de Jesus. Ele também foi preparado e conduzido por Deus Pai para que pudesse compreender, aceitar, acolher e colaborar com Maria na gravidez, no nascimento, no sustento e na educação de Jesus. Sabemos que São José, mesmo não sendo pai de sangue de Jesus, aceitou e assumiu maravilhosamente o Menino Jesus, como se fosse seu filho. São José levou Maria a Belém, onde nasceu Jesus. Fugiu para o Egito para salvar a vida deles. Voltou para Nazaré, onde trabalhou muito para sustentar a esposa, Maria, e Jesus. Neste Natal, não podemos deixar de homenageá-lo. Ele faz parte da festa do Natal.

Outros personagens do Natal são os "Pastores de Belém". Eles foram muito felizes! Tiveram a grande alegria e a honra de serem os primeiros a ver o Menino Jesus. Neles queremos admirar e aprender duas coisas. A primeira: eles acreditaram nos Anjos quando estes lhes disseram que havia nascido o Salvador, e crendo andaram quatro quilômetros a pé para ver o Menino do presépio. A segunda: eles saíram contando aos amigos o que tinham ouvido dos Anjos e o que tinham visto no presépio.

Outros personagens bem conhecidos no Natal são os "três Reis Magos". Eles haviam lido que um dia apareceria uma nova estrela nos céus. Essa estrela seria o sinal do nascimento do Rei dos reis, do Salvador esperado. Certo dia, eles descobriram a nova estrela e sentiram uma força que os impulsionou a procurar o Rei nascido. Fizeram uma longa viagem, sempre dirigidos pela estrela. Ela os conduziu até onde estava Jesus.

Ao verem o Menino pobrezinho, Deus iluminou os seus corações e eles não tiveram dúvidas de que aquela criança era o Rei dos reis, o Salvador prometido. Prostraram-se e o adoraram. Ofereceram-lhe três presentes: ouro, porque acreditaram que aquele Menino era Rei; incenso, porque acreditaram que ele era Deus, e por isso o adoraram; e mirra, para simbolizar que, mesmo sendo Deus, o Menino era humano e haveria de sofrer muito.

Que exemplo maravilhoso de fé! Queremos homenageá-los, neste Natal, e imitá-los na oferta dos presentes a Jesus. Queremos oferecer a Jesus o ouro do nosso amor, o incenso da nossa adoração e a mirra dos nossos sofrimentos, abraçados com paciência e resignação.

Como é maravilhosa a festa do Natal de Jesus! Como é maravilhoso descobrir a participação efetiva de todas essas pessoas na festa do Natal! E com certeza o nosso coração estará muito atento e feliz para recordar, homenagear e festejar cada uma dessas pessoas envolvidas na maravilhosa festa do Santo Natal.

Vinde, Jesus! Aguardamos a vossa chegada!

Dirigente (logo após a pregação):

Elevemos com confiança as nossas preces a Jesus, para que toda a Igreja e todos nós possamos ser muito abençoados neste Natal. Após cada prece, digamos: Vinde novamente, Jesus, nós precisamos muito de vós!

Todos:

Vinde novamente, Jesus, nós precisamos muito de vós!

1. Para iluminar o Santo Padre, os bispos e os sacerdotes do mundo inteiro, a fim de que conduzam a Santa Igreja conforme os vossos desejos, vinde, Jesus!
2. Para nos revelar e comunicar ainda mais o grande amor do vosso e nosso Pai celeste, a fim de que nos sintamos filhos amados por ele, vinde, Jesus!
3. Para revelar-nos e dar-nos o vosso Espírito Santo, a fim de que nos santifique ainda mais, e dentro dos nossos corações derrame o amor a Deus e ao próximo, vinde, Jesus!
4. Para dar-nos um carinho ainda maior por vossa e nossa mãe, Maria, a fim de que, a seu exemplo, saibamos vos acolher plenamente nas nossas vidas, vinde, Jesus!
5. Para que as nossas famílias saibam homenagear todas as maravilhosas pessoas envolvidas no acontecimento do Natal, vinde, Jesus!
6. Para iluminar os todos jovens, em especial os da nossa comunidade, para que despertem para vós e sigam o vosso Evangelho, vinde, Jesus!

Dirigente (oração):

Senhor Jesus, Filho de Deus Pai, concebido por milagre do Espírito Santo, nascido da Virgem Maria, amado e protegido por São José, que viestes para nos libertar, curar e salvar, ajudai-nos a abrir os nossos corações ao amor do Pai, à santidade do Espírito, ao amor de todos os irmãos, para que vivendo como Filhos de Deus, e irmãos entre nós, possamos ser felizes e ajudar a muitos para que possam ser realizados e felizes.

Maria, mãe de Jesus e nossa, preparai as nossas vidas, assim como preparastes a vossa, para a chegada de Jesus. Ajudai-nos a abrir ainda mais os nossos corações ao vosso Filho neste Santo Natal. Amém.

Dirigente:

Hoje aprendemos coisas lindas sobre os personagens mais importantes do Natal. Entoemos o canto "Glória a Deus na imensidão", n° 4, p. 103, que nos leva até a Trindade.

(**Sugestão**: Mostrar e explicar o símbolo natalino da ceia de Natal, que se encontra no livro *Símbolos natalinos*.)

Dirigente:

Para terminar a nossa celebração, oremos todos juntos ao Pai, assim como Jesus nos ensinou: Pai nosso, que estais nos céus...

Saudemos também aquela que nos deu de presente o próprio filho, Jesus Salvador: Ave, Maria, cheia de graça...

Terminamos mais um dia de preparação para o Natal. Creio que foi bem proveitoso. Tenho a impressão de que fomos muito iluminados com belos conhecimentos. Obrigado pela presença de todos. Amanhã estaremos novamente unidos com muita alegria.

Antes de partir, saudemo-nos e abracemo-nos na paz de Jesus, e desejemos a todos uma ótima preparação para o Natal.

(Todos se saúdam com o abraço da paz; pode haver mais um canto apropriado.)

QUINTA — CELEBRAÇÃO

Dirigente:

Irmãos e irmãs, é uma renovada alegria estarmos todos reunidos, alegres e felizes, para mais um dia de preparação para o Santo Natal. Sejam todos bem-vindos.

Hoje vamos aprofundar outro aspecto, fundamental para perceber a importância do Natal de Jesus Cristo. Nosso tema é: "Jesus Cristo, que vem no Natal, é nosso Salvador". Na verdade, já estamos bem acostumados a ouvir a expressão: "Jesus, nosso Salvador". É tão comum e frequente ouvi-la que talvez já tenhamos até perdido a consciência da sua força, da sua importância e da sua atualidade. Por isso mesmo vamos abordá-la e esclarecê-la melhor.

Iniciemos nossa celebração fazendo o sinal da cruz e invocando a Trindade santa. Em nome do Pai, do Filho e do Espírito Santo. Amém.

Entoemos com júbilo natalino o canto "Nasceu Jesus!", nº 10, p. 107.

Dirigente:

Elevemos a Jesus os nossos corações em prece. Oremos todos juntos.

Todos:

Ó Jesus,
nosso Deus e nosso Mestre,
vossa vinda no Natal trouxe a salvação para todos nós
e para toda a humanidade.
Nós bem conhecemos todos os males
que existem no coração das pessoas e dentro de nós.
Vós viestes para nos perdoar, para nos libertar e curar,
para tirar o mal de dentro de nós,
a fim de sermos pessoas melhores, mais felizes e sadias,
capazes de ajudar a construir um mundo melhor.
Precisamos muito de vossa presença e de vossa salvação.
Por isso vos pedimos de todo o coração:
Vinde, Senhor Jesus, nossas vidas estão abertas.
Vinde, Senhor Jesus, nossas famílias estão abertas.
Vinde, Senhor Jesus, estamos à vossa espera.

Dirigente:

A Bíblia é Palavra de Deus, sempre atual e viva. Hoje, por meio de São Paulo, o Espírito Santo nos revela que, por imenso amor, porque estávamos no pecado e na condenação, Deus Pai nos enviou e entregou o seu Filho único, para que realizasse a nossa salvação e a nossa reconciliação. Ouçamos com atenção e devoção.

Primeiro leitor:

Romanos, capítulo 5, versículos 6 a 11.

Dirigente (logo após a leitura):

Que lindo é o que ouvimos: "Eis aqui uma prova brilhante do amor de Deus: Quando ainda éramos pecadores, Jesus morreu por nós!". Cheios dessa certeza, clamemos a Jesus que venha continuar o nosso processo de salvação pessoal, dizendo ao final de cada salmo: Vinde, Jesus, vinde nos salvar!

Todos:

Vinde, Jesus, vinde nos salvar!

Salmista:

Só em Deus a minha alma tem repouso!
Porque dele é que me vem a salvação!
Só ele é meu rochedo e minha salvação!
A fortaleza onde encontro segurança!
A minha glória e a minha salvação estão em Deus!
O meu refúgio e a minha rocha firme é o Senhor!
Povo todo, esperai sempre no Senhor!
E abri diante dele o coração.

Nosso Deus é um refúgio para nós!
Uma palavra Deus falou, duas eu ouvi:
o poder e a bondade a Deus pertencem,
pois pagais a cada um conforme as obras!

Dirigente:

Ouviremos a seguir a descrição do que aconteceu com um homem chamado Zaqueu. Embora fosse um corrupto, explorador e pecador, ele queria muito ver Jesus. Tinha ouvido falar tanto dele e de seus milagres a ponto de desejar ardentemente vê-lo.

Ouçamos a linda história de Zaqueu.

Segundo leitor:

Lucas, capítulo 19, versículos 1 a 10.

Evangelizador(a):

Tema: Jesus, celebrado no Natal, é nosso Salvador pessoal

Prezados amigos,

Prosseguindo em nossa preparação para o Santo Natal, queremos anunciar que Jesus veio para ser o nosso Salvador. Para entender melhor esta realidade, recordemos algumas verdades que já foram ditas em dias anteriores.

1. Os primeiros seres humanos caíram no pecado original, e por isso perderam a amizade de Deus.
2. Por causa da perda da amizade e do amor de Deus, o ser humano perdeu toda a felicidade que Deus proporcionava ao seu coração.
3. O pecado original entrou no coração de todos os seres humanos, afetando-o com a força de muitas tendências negativas, vícios e pecados.
4. Deus Pai, em vez de nos abandonar no pecado, teve compaixão de nós, amou-nos com divina misericórdia e decidiu mandar-nos o seu Filho, Jesus, a fim de nos perdoar, libertar, curar e salvar.

5. Jesus veio com a missão de ser o nosso Salvador. Aliás, se traduzíssemos o seu nome para o português seria "Salvador".

Mas o que significa realmente afirmar que "Jesus é Salvador"? O que significa na nossa vida "ser salvos"? Jesus veio salvar o ser humano do quê? O que se entende por "salvar, salvador, salvação"?

Salvar significa "libertar". Libertar o nosso coração das forças de todos os males que vieram do pecado das origens.

Libertar-nos do egoísmo, do orgulho, da vaidade, da inveja, da maledicência, das forças do ódio, da raiva, da mágoa, da vingança, das forças de muitos vícios, do adultério, do homossexualismo, do lesbianismo, da tendência ao roubo, à mentira, à corrupção, enfim, de todas as forças interiores negativas e maléficas que induzem o ser humano a viver mal e a praticar o mal.

Salvar significa também "curar". Sim, curar os medos, as tristezas, as depressões, os traumas, os recalques, as ansiedades, as angústias, a autocondenação, a autopunição, os problemas de sexualidade, o ódio e a raiva de si mesmo e dos outros, as tendências negativas. Curar, enfim, todos os males espirituais, psicológicos, emocionais, familiares e sociais que vieram do pecado original, bem como dos pecados pessoais ou sociais.

Salvar significa ainda "solucionar" os nossos problemas, preencher as nossas carências, satisfazer as nossas legítimas necessidades. Solucionar os nossos problemas matrimoniais, familiares, pessoais, sociais e até, às vezes, os nossos problemas materiais.

Salvar significa também, e de forma toda especial, "perdoar". Sim, Jesus Salvador veio perdoar-nos de todas as culpas pelos pecados e erros cometidos contra Deus, contra nós mesmos e contra o próximo, a fim de devolver-nos a paz do coração.

Tenhamos certeza! Jesus é o verdadeiro e único Salvador.

Preciso dizer-lhes agora uma coisa muito importante: ao afirmar que Jesus veio para nos salvar e que por sua morte na cruz quis salvar todos os seres humanos, não afirmo, de forma alguma, que todos estão automaticamente salvos! Não! Com a sua morte na cruz, Jesus criou a possibilidade de todos poderem salvar-se! Jesus criou todos os meios necessários para que todo aquele que quiser possa ser salvo! Mas para que alguém possa ser salvo dos seus pecados e dos seus males deve querer a sua salvação! Deve esforçar-se para consegui-la, para conquistá-la!

Nós ouvimos, ainda há pouco, o caso de Zaqueu, que desejava ver Jesus no meio da multidão. Ao vê-lo em cima de uma árvore, Jesus lhe disse: "Zaqueu, desce depressa. Eu vou hospedar-me, hoje, na tua casa"! E Jesus foi! Zaqueu, impressionado com Jesus e comovido, ao recebê-lo disse: "Senhor, eu vou dar metade da minha riqueza aos pobres. E a quem enganei, e de quem roubei, vou devolver quatro vezes mais"!.

Notemos bem as palavras de Jesus a Zaqueu: "Hoje a salvação entrou nesta casa"! Jesus quis dizer: "Hoje a Salvação entrou na vida de Zaqueu, porque ele aceitou o Salvador"! Percebemos aqui duas realidades muito importantes: Jesus era o Salvador de todos os seres humanos, mas ainda não era o "Salvador pessoal" de Zaqueu. Até o encontro com Jesus, Zaqueu andava nas trevas, no pecado da exploração, do roubo, da corrupção. Jesus começou a salvar Zaqueu exatamente na hora em que este o aceitou, o acolheu e abriu o seu coração para Jesus. Ao aceitar Jesus Salvador, Zaqueu resolveu mudar de vida e tornar-se um homem novo, justo, honesto e bom. Zaqueu precisou converter-se para poder se salvar.

Assim acontece com cada um de nós. Cada pessoa se salva na medida em que aceita Jesus como seu Salvador e passa a viver a sua vida de acordo com a doutrina da salvação ensinada por Jesus! A nossa salvação, portanto, depende também de nós. Depende do nosso esforço, da nossa vontade de viver uma vida cristã sincera. Jesus fez e faz a parte dele. Agora, cada um de nós precisa fazer a sua parte. Mas sempre em união com Jesus, de mãos dadas com Jesus!

Jesus vivo, que vem no Natal, é nosso Salvador. Ele quer entrar na nossa vida como entrou na vida de Zaqueu. A salvação acontece em nós se nos abrimos e reagimos como Zaqueu. Só acontecerá em nós se aceitarmos Jesus, se aceitarmos o seu Evangelho e procurarmos ser, cada vez mais, pessoas novas, convertidas, transformadas, decididas a viver no amor de Deus e do próximo e caminhando em sua Igreja.

Vinde, Senhor, vinde nos salvar!

Dirigente (logo após a pregação ou após a reflexão em grupo):

Apresentemos a Jesus o nosso pedido, de que ele venha como nosso Salvador pessoal, e por ele aconteça a nossa salvação. Peçamos que a salvação aconteça em nós, nas nossas famílias e nas comunidades. Após cada prece, oremos dizendo: Vinde, novamente, Jesus, vinde nos salvar!

Todos:

Vinde, novamente, Jesus, vinde nos salvar!

1. Para guiar com segurança a Santa Igreja, a fim de que ela possa acolher a todos os seres humanos que ainda vivem mergulhados nos seus erros e pecados, vinde, Jesus!
2. Para iluminar e salvar a humanidade, tão esmagada pelas guerras, pelos ódios, pelas explorações e pelas injustiças, vinde, Jesus!
3. Para fazer entrar a salvação no coração de todas as pessoas das nossas famílias, como fizestes na de Zaqueu, vinde, Jesus!
4. Para mudar a nossa maneira de pensar e agir, a fim de podermos abandonar os caminhos do mal e reparar o mal que já praticamos, vinde, Jesus!
5. Para dar-nos coragem de examinar com sinceridade o nosso modo de pensar e agir, e para dar-nos decisões corajosas de mudar a nossa vida para muito melhor, vinde, Jesus!
6. Para que, vivendo como bons filhos de Deus e irmãos entre nós, possamos chegar à salvação definitiva, na glória celeste, vinde, Jesus!

Dirigente (oração):

Senhor, como passais novamente em nosso meio, no Natal, e nos afirmais a vontade de entrar mais nas nossas vidas, dai-nos uma decisão como a de Zaqueu, para receber-vos com autenticidade e, convosco, fazer entrar ainda mais nas nossas vidas a necessária salvação. Que, a exemplo de Zaqueu, saibamos reconhecer e abandonar os erros cometidos, queiramos reparar todo o mal que cometemos e vivamos uma vida nova. Atendei-nos, Senhor.

Maria, mãe de Jesus e nossa, preparai as nossas vidas, assim como preparastes a vossa, para a chegada de Jesus. Ajudai-nos a abrir ainda mais os nossos corações ao vosso Filho neste Santo Natal. Amém.

Dirigente:

Cantemos a Jesus Salvador e Bom Pastor o canto "Pelos prados", nº 7, p. 104 (ou outro, a escolher).

(**Sugestão**: Mostrar e explicar os símbolos natalinos das velas, das bolas coloridas e dos sinos do Natal, que se encontram no livro *Símbolos natalinos*.)

Dirigente:

Que belos ensinamentos! E para coroar a nossa celebração, oremos todos juntos ao Pai, assim como Jesus nos ensinou: Pai nosso, que estais nos céus...

Saudemos também aquela que nos traz sempre de novo Jesus Salvador: Ave, Maria, cheia de graça...

Dirigente:

Chegamos ao final de mais um dia da nossa preparação para o Natal de Jesus. Estamos certos de que todos aproveitaram muito e de que foi um passo importante no conhecimento de Jesus Cristo como nosso Salvador. Por isso mesmo, esta foi mais uma etapa em nossa preparação para a recepção do Divino Salvador, que vem novamente neste Natal. Queremos vê-los todos reunidos, amanhã, para outro passo em direção ao Natal. Grato a todos. Que todos passem muito bem.

Antes da despedida, queremos nos saudar na paz e na alegria de Jesus ressuscitado.

(Abraço da paz; pode haver mais um canto apropriado.)

SEXTA

CELEBRAÇÃO

Dirigente:

Irmãos e irmãs, que bom podermos nos reunir mais uma vez para prosseguir na nossa preparação para o Santo Natal de Jesus Cristo, nosso Salvador.

Hoje, vamos refletir sobre outro tema importante que vem completar nossa caminhada para o Natal. Queremos explicar que "Jesus vivo, acolhido no Natal, é amor, é coração!". Queremos revelar e comprovar que Jesus é uma pessoa movida a amor. Queremos penetrar no coração de Jesus e perceber como o seu amor é a força motriz de toda a sua pessoa, de todos os seus atos, palavras e decisões. Durante o encontro, todos perceberemos a beleza dessa realidade.

Iniciemos a nossa celebração traçando sobre nós o sinal da cruz redentora e invocando a Santíssima Trindade: Em nome do Pai, do Filho e do Espírito Santo. Amém.

Cantemos, com alegria, "Conheço um coração", nº 11, p. 107.

Dirigente:

Elevemos até Jesus os nossos corações e oremos juntos:

Todos:

Ó Jesus aniversariante,
examinando vossa vida terrena,
vossos ensinamentos e milagres,
vossas obras e comportamentos,
percebemos que sois uma pessoa
totalmente motivada pelo amor.
E ao pensarmos na vossa paixão e morte
ficamos impressionados com o tamanho do vosso amor
por nós e pela humanidade.
Vosso amor nos chama a sermos também nós pessoas
que vivam o amor por Deus,
pelos irmãos e por nós mesmos.
Neste Natal queremos que aumenteis a
nossa capacidade de amar.
Por isso vos pedimos:
Vinde, Senhor Jesus, nossos corações estão abertos.
Vinde, Senhor Jesus, nossas casas estão abertas.
Vinde, Senhor Jesus, estamos à vossa espera.

Dirigente:

Ao escrever aos efésios sobre o grande amor de Deus, manifestado no envio de Jesus, como nosso Salvador, São Paulo dobra os joelhos e ora a Deus em nosso favor, para que possamos ter a grande graça de conhecer e compreender o grande amor de Jesus. Ouçamos.

Primeiro leitor:

Efésios, capítulo 3, versículos 14 a 21.

Dirigente (logo após a leitura):

Clamemos, também nós, diante de Jesus, o Bom Pastor, como fez São Paulo, para que pelo seu Espírito Santo nos conceda conhecer, compreender e acolher o seu infinito amor por nós. Após cada estrofe do salmo, oremos dizendo: Vinde, Jesus, revelai-nos o vosso amor!

Todos:

Vinde, Jesus, revelai-nos o vosso amor!

Salmista:

O Senhor é o Pastor que me conduz,
não me falta coisa alguma!
Pelos prados e campinas verdejantes,
ele me leva a descansar!
Para as águas repousantes me encaminha,
e restaura as minhas forças!
Ele me guia no caminho mais seguro,
pela honra de seu nome.
Mesmo que eu passe pelo vale tenebroso,
nenhum mal eu temerei!
Estais comigo com bastão e com cajado;
eles me dão segurança!
Felicidade e todo bem hão de seguir-me,
por toda a minha vida.

E na casa do Senhor habitarei
por todos os dias de minha vida.

Dirigente:

"Ninguém tem maior amor do que aquele que dá sua vida por seus amigos!" Essa declaração de Jesus, levada à realidade quando deu sua vida, na cruz, pela nossa salvação, é a maior prova do seu grande amor por nós. Ouçamos com o coração.

Segundo leitor:

João, capítulo 15, versículos 12 a 17.

Evangelizador(a):

Tema: Jesus, celebrado no Natal, é essencialmente amor e coração
Prezados amigos,

Na nossa preparação para o Santo Natal temos procurado conhecer melhor aquele que é o festejado, o celebrado, o aniversariante das festas natalinas: Jesus. Temos sempre procurado falar de Jesus não como um personagem histórico do passado distante, mas como alguém muito vivo, muito presente, muito ligado aos nossos corações, às nossas vidas e às nossas famílias. No Natal, o celebrado, o festejado estará muito presente! Sem a presença de Jesus vivo, o Natal não teria muito significado, nem poderia ser tão alegre e tão belo.

Ao conhecer pessoalmente e mais profundamente o Jesus vivo, descobrimos, de imediato, a sua riqueza maior e mais comunicante, que é o seu amor, a sua capacidade incrível de amar, a força todo-poderosa do seu amor, a perfeição total do seu coração.

Jesus ressuscitado é uma pessoa sempre movida pelo seu amor. Tudo quanto Jesus vivo já falou e fala, realizou e realiza, pensou e pensa, ensinou e ensina, viveu e vive, em tudo é movido e impulsionado pelo seu amor, pela força do seu coração transbordante de amor. Poderíamos afirmar que Jesus vivo não sabe fazer outra coisa senão amar. Amar incondicionalmente! Amar gratuitamente! Amar com todas as consequências! Amar concreta e eficazmente!

Permitam-me, agora, segredar-lhes uma verdade muito linda e muito pessoal. Jesus ressuscitado ama muito todos vocês! Acreditem-me! Jesus conhece vocês profundamente! Sabe os seus nomes... Sabe quem são os seus pais e os seus irmãos... Sabe como vocês viveram ou vivem a sua infância, a sua meninice, a sua juventude ou a sua vida adulta. Jesus vivo conhece toda a sua vida. Conhece profundamente todo o seu lado bom, as suas qualidades e virtudes, a sua boa vontade e todo bem que realizam. Conhece também as suas lutas, os seus problemas, os seus anseios, os seus ideais, as suas vitórias e os seus tropeços. Jesus os conhece profundamente!

Nesse amor sem medidas, Jesus acolhe a cada um de vocês como são. Aceita a sua vida e a sua realidade tal como são. Ama cada um de vocês como se fossem a única pessoa existente para ser amada por ele.

Quero dizer-lhes também, com muita satisfação e muita alegria, que Jesus ama cada um de vocês sem restrições e sem impor condições. Se você é bom, ele o ama muito para que possa ser ainda melhor! Se alguém fosse mau, viciado, perverso, desumano, Jesus o amaria muito, muito mais, para tirá-lo do abismo e transformá-lo em nova criatura. Se você já o ama, ele corresponde com um amor ainda maior. Se alguém não o ama, o odeia, o despreza, diz que ele não existe, Jesus o ama muito, muitíssimo mais, para abrir seu coração, para poder entrar em sua vida, a fim de trazer-lhe toda espécie de benefícios e bênçãos.

Jesus quer muito ser seu amigo! Quer muito entrar nas suas vidas e conviver com vocês! Jesus anseia por ocupar um lugar especial nos seus corações! Sabe para quê? Para poder amar cada um de modo tão profundo, poderoso, maravilhoso e eficaz como só ele pode e sabe amar!

Jesus vivo tem dois grandes amores! Vocês sabem quais são? Sabem?... Os dois grandes amores de Jesus ressuscitado são: o seu Pai celeste e vocês! Ou seja, o Pai celeste e cada um de nós!

O primeiro grande amor de Jesus é o seu Pai celeste. O coração de Jesus é totalmente "apaixonado", é maravilhosamente apaixonado por seu Pai! Não estranhem, mas admirem-se com o que vou dizer: tudo quanto Jesus vivo realizou e ainda realiza, falou e fala, viveu e vive, tudo é feito, antes de tudo, por amor ao seu Pai. Jesus aceitou encarnar-se no seio da Virgem Maria, nascer na gruta fria de Belém, fugir para o Egito, viver trinta anos como trabalhador, viver em família, tudo por amor ao seu Pai, para agradar ao seu Pai, pois era isso o que o seu Pai queria! Jesus aceitou a sua vida de evangelizador para ensinar o que ensinou, fazer os milagres que fez, realizar o bem que realizou, tudo por amor ao seu Pai. Pois era aquilo o que o seu Pai desejava. Jesus aceitou todo o seu sofrimento: a agonia no Jardim das Oliveiras, a traição de Judas, a negação de Pedro, a prisão, as torturas da flagelação e a coroação de espinhos, a crucificação, a morte e a ressurreição, tudo para agradar ao seu Pai. Pois era exatamente aquilo o que o seu Pai queria: salvar a humanidade. E tudo quanto Jesus ressuscitado continua a fazer, tudo mesmo, é antes de mais nada para amar e agradar ao seu Pai celeste. Volto a afirmar: o primeiro grande amor de Jesus é o seu Paizinho celeste!

Afirmo, também, que o segundo grande amor de Jesus é você! Somos cada um de nós! Tudo quanto Jesus realizou e realiza nas nossas vidas, nas nossas famílias e nas nossas comunidades é por amor. É movido pelo seu amor por nós. Você talvez esteja se perguntando: "Mas o que Jesus já fez, de fato, por mim?". A pergunta é boa! Mas é importante buscar uma resposta real, repassando a sua vida pessoal e familiar. É na história da sua vida que você poderá descobrir todas as muitas provas pessoais do amor de Jesus por você!

Deixemo-nos amar por Jesus! Envolvamo-nos nesse amor! Permitamos que Jesus nos ame! Abramos os nossos corações sempre mais à pessoa maravilhosa e transbordante de amor que é Jesus ressuscitado, a quem celebramos neste Natal.

Vinde, Jesus, incendiai o nosso coração com as chamas do vosso amor.

Dirigente (logo após a pregação ou a reflexão em grupo):

Apresentemos os nossos pedidos a Jesus, divino coração, a fim de que nos oriente nos caminhos que levam à verdadeira vida e à verdadeira felicidade. Após cada pedido, digam todos: Vinde, Jesus, ensinai-nos a viver no vosso amor!

Todos:

Vinde, Jesus, ensinai-nos a viver no vosso amor!
1. Para abençoar, orientar e inspirar o Santo Padre, os bispos, os sacerdotes e os religiosos, para que sejam fiéis mensageiros do vosso amor salvador, vinde, Jesus!
2. Para nos relembrar, reavivar, reanimar e fortalecer nas maravilhas realizadas pelo vosso amor, a fim de que possamos viver como bons filhos do vosso Pai celeste e irmãos de todos os seres humanos, vinde, Jesus!
3. Para que possamos descobrir sempre mais nas nossas vidas as maravilhas realizadas pelo vosso amor, a fim de que nos sintamos amados e correspondamos ao vosso amor, vinde, Jesus!
4. Para chamar muitos jovens a fim de que sirvam ao povo de Deus na Igreja, como sacerdotes, religiosos ou consagrados leigos, vinde, Jesus!
5. Para despertar o coração de muitos leigos a fim de que assumam com muita alegria e muito entusiasmo o tão importante serviço da evangelização e das catequeses, a fim de que sejais mais conhecido, aceito e amado, vinde, Jesus!
6. Para cuidar das nossas crianças, a fim de que elas aprendam dos pais e catequistas a amar-vos acima de todas as coisas e ao próximo como a si mesmas, vinde, Jesus!

Dirigente (oração):

Ó Jesus ressuscitado, cujo coração é uma fornalha ardente de amor ao Pai e aos seres humanos, incendiai os nossos corações com as chamas do vosso infinito amor, para que possamos amar ao Pai celeste acima de todas as coisas, saibamos amar-vos de todo coração e possamos amar aos irmãos com um amor muito semelhante ao vosso. É o que vos pedimos, coração de Jesus!

Maria, mãe de Jesus e nossa, preparai as nossas vidas, assim como preparastes a vossa, para a chegada de Jesus. Ajudai-nos a abrir ainda mais os nossos corações ao vosso Filho neste Santo Natal. Amém.

Dirigente:

Somos muito amados por esse coração tão maravilhoso, o Coração de Jesus. Afirmemos-lhe que nós também o amamos entoando o canto "Te amarei, Senhor", nº 9, p. 106.

(**Sugestão**: Mostrar e explicar o símbolo natalino da estrela do Natal, que se encontra no livro *Símbolos natalinos*.)

Dirigente:

Para concluir a nossa celebração, oremos todos juntos ao Pai, apresentando-lhe os grandes pedidos que Jesus nos ensinou a fazer: Pai nosso, que estais nos céus...

Saudemos também aquela que nos trouxe e nos traz Jesus Salvador: Ave, Maria, cheia de graça...

Irmãos e irmãs, terminamos nosso sexto encontro de preparação para o Natal de Jesus. Tenho certeza de que todos saímos contentes e realizados pelo quanto aprendemos. A todos, muito obrigado. Estimamos revê-los todos amanhã.

Antes da despedida, queremos nos saudar e comunicar a paz e a alegria do Senhor.

(Abraço da paz; pode haver mais um canto apropriado.)

SÉTIMA CELEBRAÇÃO

Dirigente:

Quero cumprimentar a todos, irmãos e irmãs, desejando um encontro proveitoso e gostoso. O Natal está mais próximo. Jesus está mais perto. E nós, certamente, mais conscientizados, mais animados e mais dispostos a recebê-lo e festejá-lo no seu aniversário, no Natal.

Hoje vamos abordar um tema talvez mais envolvente e comprometedor. Vamos nos defrontar com Jesus vivo, que vem para nos questionar.

Jesus nos pergunta: "Até que ponto deixamos a mensagem do Natal entrar na nossa vida? Até que ponto permitimos que ele interfira no nosso viver?" De fato, nos faz realizar uma avaliação do nosso modo de viver. E pode até mexer conosco e nos angustiar.

Iniciemos a nossa celebração assinalando-nos com a cruz de Jesus e invocando a Trindade Santíssima. Em nome do Pai, do Filho e do Espírito Santo. Amém.

Cantemos com júbilo no coração e na voz "Cristãos, vinde todos", nº 2, p. 102.

Dirigente:

Orando juntos, elevemos nossa prece ao coração de Jesus.

Todos:

Ó Jesus,
reunidos ao vosso derredor para
prepararmos os nossos corações
para a celebração do vosso nascimento,
queremos acolher ainda mais os vossos
ensinamentos de amor,
para vivermos como vossos discípulos, vossos amigos
e amigos de todas as pessoas.
Na caminhada da nossa novena,
percebemos que podemos nos converter muito mais,
para vivermos melhor a nossa vida pessoal,
o amor nas nossas famílias,
bem como o amor por todos os irmãos,
principalmente pelos mais pobres,
pelos necessitados de saúde, de amor e de ajuda material.
Por isso vos pedimos:
Vinde, Senhor Jesus, nossas vidas estão abertas.
Vinde, Senhor Jesus, nossas famílias estão abertas.
Vinde, Senhor Jesus, estamos à vossa espera.

Dirigente:

Por meio do Apóstolo São Paulo, o Pai celeste nos fala, hoje, do amor que devemos alimentar e manifestar a todas as pessoas, em qualquer situação. Os cristãos, filhos de Deus, devem ser especialistas no amor, e devem viver uma vida exemplar. Porque Deus é amor, e nós somos os seus filhos, devemos ser parecidos com ele no amor. Ouçamos.

Primeiro leitor:

Romanos, capítulo 12, versículos 9 a 20.

Dirigente (logo após a leitura):

Após tão belos, atuais e importantes conselhos, afirmemos a Jesus que procuraremos viver como bons filhos do Pai celeste e bons irmãos de todos os seres humanos. Digamos todos, ao final de cada estrofe: Senhor Jesus, convertei o nosso coração.

Todos:

Senhor Jesus, convertei o nosso coração.

Salmista:

Ouvi, Senhor, uma causa justa, atendei meu clamor!
Escutai a prece dos lábios sem malícia!
Venha de vós o meu julgamento!
Vossos lábios veem o que é reto!

Meus pés mantiveram-se firmes em vossos caminhos!
Meus pés não vacilaram!
Eu vos chamo, pois me atendeis, Senhor!
Inclinai-vos para mim. Atendei-me, Senhor!

Mostrai a vossa admirável bondade!
Libertai-me dos que querem me levar ao mal!
Guardai-me como a pupila dos vossos olhos!
Estendei-me vossa mão e guardai-me, Senhor!

Dirigente:

Jesus nos conta um caso que nos leva a pensar. De que adianta alguém ser rico, ocupar cargo importante ou ter autoridade se não sabe amar, fazer o bem, auxiliar os necessitados? De que adianta?

Segundo leitor:

Lucas, capítulo 10, versículos 25 a 37.

Evangelizador(a):

Tema: Jesus, celebrado no Natal, nos questiona profundamente

Prezados amigos,

Em nossa preparação para o Natal, temos procurado mostrar o verdadeiro conteúdo desse acontecimento. Temos procurado penetrar no fundo da festa do Natal para descobrir, revelar e aprender as verdades e realidades tão belas e importantes nele contidas.

No exame mais atento do sentido do Natal, nós encontramos não mais um Jesus bebê, bonitinho, sorridente, gracioso, mimoso. Encontramos, isto sim, um Jesus adulto, de 33 anos, ressuscitado e imortal, muito presente na Igreja e na comunidade cristã. Encontramos Jesus ressuscitado que nos ama muito, mas que nos interroga, nos questiona e quer ouvir uma resposta nossa. Não apenas uma resposta de palavras, mas uma resposta de vida, de ação, de posições concretas! Jesus nos interroga e quer saber até que ponto o aceitamos no Natal. Deseja saber até que ponto aceitamos a salvação que ele trouxe, a sua verdade revelada, até que ponto aceitamos a sua Igreja e levarmos uma vida vivida no amor a Deus, ao próximo e a nós mesmos.

1. Jesus pergunta a cada um de nós: "Você me aceita como o seu Salvador pessoal?", "Você aceita o ideal de vida que lhe proponho?", "Você é suficientemente humilde e corajoso para dar uma reviravolta naquilo que, talvez, você tenha de errado na sua vida?", "Você é bastante lúcido, humilde e valente para voltar atrás nos caminhos que não sejam bons?", "Você é bastante decidido para poder começar uma nova caminhada pelos caminhos das virtudes, da paz, do amor, da fidelidade, da justiça, da compreensão, da sinceridade, da piedade e da colaboração com os irmãos?".

E qual é a nossa resposta? Vamos, simplesmente, abaixar a cabeça, talvez confusos e desanimados, e deixar a vida correr para onde quer que vá? Vamos simplesmente passar por cima das propostas de Jesus e continuar por um caminho errado? Vamos deixar de lado o amor a Deus e ao próximo, a paz de consciência, a justiça, a alegria, a felicidade, a compreensão e o amor?

Jesus nos encara com o seu olhar cheio de amor e interroga a cada um de nós: "Você é a favor ou contra mim?", "Você é a favor de você mesmo, da sua salvação, de uma vida cristã feliz, ou é contra você mesmo, preferindo os caminhos do pecado, que levam à infelicidade, ao desamor, à ruína?".

2. Jesus nos questiona sobre as consequências familiares, comunitárias e sociais do Natal.

Nós vivemos em família, em comunidade, em sociedade. Por isso mesmo, muitas vezes, o amor, a paz, a justiça, a concórdia e a felicidade na família, na comunidade ou na sociedade dependem muito de nós. Somos todos responsáveis pelo bem da família e da comunidade onde vivemos. Seja ela comunidade de bairro, de igreja, de escritório, de escola, de rua, de fábrica, de clube ou de cidade. Em certos ambientes, o amor, a paz, a justiça, o bem e a felicidade das pessoas dependem muito, muito mesmo, de nós.

Jesus espera, pede e até ordena que sejamos os "agentes", os "autores", os "promotores", os "artífices" da justiça, do amor, da paz, do bem, da realização e da felicidade dos nossos irmãos.

Ninguém pode dizer: "Eu nada posso fazer!", ou: "Ninguém depende de mim!", ou ainda: "Não tenho condições de fazer alguma coisa por alguém!". Todos podemos prestar muita colaboração dentro da nossa casa e na nossa família, pela aceitação de cada pessoa, pelo respeito, pelo diálogo, pela participação em todos os trabalhos e decisões. Todos podemos cultivar a compreensão, para chegar ao amor, à paz, à bondade, ao perdão e à alegria de conviver com os familiares. Todos podemos fazer algo na vizinhança, na rua onde moramos, no quarteirão, na sala de aula, no escritório, na fábrica, enfim, onde vivemos o nosso dia a dia. Todos podemos. Podemos e devemos, como cristãos que somos.

Jesus nos diz: "Lembrem-se do Evangelho de hoje". O samaritano poderia ter dito simplesmente: "Bem, o sacerdote e o funcionário do templo de Deus não o socorreram, eles que são daqui, deste povo, desta cidade! Eles é que têm obrigação de socorrer este filho da sua gente! Eu, que sou viajante estrangeiro, e até desprezado por eles... eu é que não tenho obrigação de prestar essa ajuda!". Lembrem-se, diz Jesus, de que o samaritano não pensou assim! Ele decidiu socorrer o ferido, salvar-lhe a vida, colocá-lo num lugar seguro e providenciar-lhe todos os cuidados! Diante do exemplo do bom samaritano, Jesus nos pergunta: "E você... o que faz para socorrer tantos necessitados? A nenhum deles você pode ajudar?".

Meus amigos, o Natal é uma festa maravilhosa! Mas também uma festa que nos questiona e nos compromete. No entanto, se Jesus nos questiona e nos chama a realizar ações é porque acredita em nós, na nossa boa vontade, na nossa capacidade de agir. Não nos furtemos à ação.

Tenho certeza de uma coisa: tudo quanto fizermos por alguém tornar-se-á para nós fonte de alegria e felicidade. Toda alegria que dermos a alguém neste Natal tornar-se-á para nós motivo de felicidade. Tenhamos coragem de viver o Natal em toda a sua significação, em toda a sua realidade.

Vinde, Jesus! Despertai-nos para o amor operoso e manifesto em muitas boas ações!

Dirigente (logo após a pregação ou a reflexão em grupo):

Não é fácil ser cristão! Mas é maravilhoso! E enche o coração de paz e felicidade. Peçamos a Jesus que venha transformar os nossos corações, as nossas convicções e as nossas vidas. Após cada pedido, digam todos: Vinde novamente, Jesus, vinde nos converter!

Todos:

Vinde novamente, Jesus, vinde nos converter!

1. Para modificar sempre mais o nosso modo egoísta de viver, de pensar e agir, a fim de que nos tornemos pessoas atuantes e preocupadas diante das necessidades de tantos irmãos, de tantas famílias, da comunidade e da sociedade, vinde, Jesus!
2. Para eliminar todos os sentimentos negativos dos nossos corações, como o egoísmo, a vaidade, o ódio, a ira, a inveja, a maledicência, a falta de colaboração entre irmãos que somos, bem como para acabar com a exploração, a injustiça, a ignorância, a infidelidade, vinde, Jesus!
3. Para afastar a infidelidade, o egoísmo, a injustiça, a falta de diálogo, a falta de afetividade e toda forma de desamor reinante em tantas famílias, bem como para reuni-las num amor profundo, sincero e duradouro, vinde, Jesus!
4. Para nos dar coragem e decisão de promover a justiça, de tomar a defesa dos fracos e desamparados, de influenciar positivamente as comunidades e a sociedade, para que haja melhores condições de vida para todos, vinde, Jesus!
5. Para amolecer os nossos corações diante da fome, da miséria, da falta de moradia, da violência, da exploração de menores, vinde, Jesus!
6. Para despertar em nós uma vontade firme de colaborar com alegria e generosidade com tantos irmãos que precisam de apoio, de ajuda e de defesa, vinde, Jesus!

Dirigente (oração):

Senhor, não é fácil viver os vossos ensinamentos e caminhar pelos vossos caminhos. No entanto, sabemos que só encontraremos felicidade e alegria numa vida sincera e cheia de amor. Ajudai-nos a ser autênticos e corajosos, para viver a nossa vida cristã a cada dia e principalmente nas oportunidades mais difíceis. Que nos tornemos cristãos de verdade, corajosos e comprometidos, capazes de arregaçar as mangas para servir aos irmãos. É o que vos pedimos e sinceramente desejamos.

Maria, mãe de Jesus e nossa, preparai as nossas vidas, assim como preparastes a vossa, para a chegada de Jesus. Ajudai-nos a abrir ainda mais os nossos corações ao vosso Filho neste Santo Natal. Amém.

Dirigente:

Jesus nos questiona. O Natal nos questiona. Queremos refletir sobre este questionamento por meio do canto "Seu nome é Jesus Cristo", nº 8, p. 105 (se a melodia não for conhecida, todos poderão ler juntos a letra desse canto).

(**Sugestão**: Mostrar e explicar o símbolo natalino dos presentes de Natal, que se encontra no livro *Símbolos natalinos*.)

Dirigente:

Para coroar a nossa celebração, oremos todos juntos ao Pai, assim como Jesus nos ensinou: Pai nosso, que estais nos céus...

Saudemos Maria, a bendita mulher que nos trouxe Jesus Salvador: Ave, Maria, cheia de graça...

Dirigente:

Terminamos mais um encontro. Temos a impressão de que todos estão aproveitando e gostando. É o que nos alegra. Muito grato a todos pela presença e pela participação alegre. Esperamos que todos estejam novamente reunidos amanhã.

Antes da despedida, queremos nos saudar, desejando-nos mutuamente a paz que Jesus trouxe no Natal.

(Abraço da paz; pode haver mais um canto natalino.)

OITAVA CELEBRAÇÃO

Dirigente:

Prezados irmãos e irmãs,

Bem-vindos ao nosso penúltimo encontro de preparação para o Natal. Os dias correram e estamos às suas portas. Ou melhor, o Natal está às nossas portas. Por isso, hoje queremos refletir sobre os preparativos para a grande festa. Principalmente sobre os preparativos mais importantes, e até necessários, para que o Natal possa realizar-se em nós e, através de nós, nas nossas famílias e nas nossas comunidades. Bem preparados, celebraremos o Natal com maior profundidade e melhores resultados. Bem celebrado, o Natal nos trará a paz, a alegria, a salvação e a felicidade que Jesus deseja comunicar a todos.

Iniciemos a nossa celebração, todos de pé, fazendo o sinal da santa cruz e orando todos juntos. Em nome do Pai, do Filho e do Espírito Santo. Amém.

Entoemos com alegria natalina o canto "Sinos de Natal", nº 12, p. 108.

Dirigente:

Elevemos nossos corações em oração fervorosa a Jesus.

Todos:

Ó Jesus vivo,
que aqui estais em nosso meio,
nós nos alegramos cada dia mais pela chegada do vosso Natal
e do vosso aniversário.
No primeiro Natal nascestes da Virgem Maria.
Neste Natal queremos abrir os nossos corações para que aconteça ainda mais um Natal espiritual em nossas vidas.
Agora que vindes de novo, nós queremos receber-vos muito bem.
Queremos aceitar-vos como nosso Salvador, e queremos ouvir, aceitar e viver ainda melhor os vossos ensinamentos.
Vinde, Senhor Jesus, nossos corações estão abertos.
Vinde, Senhor Jesus, nossas famílias estão abertas.
Vinde, Senhor Jesus, estamos à vossa espera.

Dirigente:

São Pedro, chefe dos Apóstolos, ao falar-nos, hoje, insiste na necessidade do arrependimento dos erros e dos pecados. Insiste na necessidade de mudança de vida, se porventura estivermos vivendo em pecado. Insiste na necessidade do arrependimento e da conversão para podermos aceitar, receber e seguir Jesus.

Primeiro leitor:

Atos dos Apóstolos, capítulo 3, versículos 12 a 22.

Dirigente (logo após a leitura):

Deus está muito interessado na nossa salvação. Não poderia ser diferente. Como Pai, ele nos ama e nos quer felizes, sadios, libertos, curados, pessoas de bem. Mas a salvação é também trabalho nosso. Jesus faz a parte dele. Nós precisamos realizar a nossa parcela. Peçamos a Jesus ressuscitado que nos ajude a caminhar pelos caminhos da salvação, dizendo ao final de cada estrofe: Vinde, Jesus, precisamos de vossa ajuda!

Todos:

Vinde, Jesus, precisamos de vossa ajuda!

Salmista:

Tem piedade de mim, ó Deus,
pois ando ansiosamente à vossa procura!
Abrigo-me à sombra de vossas asas,
até que passe a tempestade do mal.

Clamo ao Deus Altíssimo,
ao Deus que me cumula de benefícios.
Mande-me ele o auxílio que me salve.
Envie-me Deus sua graça e sua fidelidade.

Meu coração está firme em vós, meu Deus!
Vou cantar e salmodiar com alegria!
Entre os povos, ó Deus, vos louvarei!
Cantarei vossos louvores em toda parte!

Dirigente:

Jesus nos afirma que, se alguém quer se salvar, deve segui-lo, aceitando a cruz da vida, a cruz de cada dia. É tão importante garantir a salvação pessoal que Jesus exclama: "O que adianta ao homem ganhar o mundo inteiro se vier a perder a sua alma?". De que adianta viver com toda riqueza, com gozo e prazeres pelos poucos anos da vida terrena se, depois, viermos a ser infelizes para sempre, longe de Deus, na eternidade? O tempo do Natal é tempo de salvação, tempo de conversão. É tempo de mudar para melhor.

Segundo leitor:

Marcos, capítulo 8, versículos 34 a 38.

Evangelizador(a):

Tema: Preparação espiritual imediata para um Natal abençoado

Prezados amigos,

O Natal está próximo. Faltam apenas alguns dias.

Certamente, todos já realizamos alguns preparativos para o Natal. Enviamos cartões, telegramas de boas festas, brindes, presentes. Com certeza, os presentes para as pessoas mais queridas já foram comprados. As surpresas já estão preparadas, e bem guardadas. Enfim, quase tudo está pronto.

Realmente, os preparativos devem ser feitos. A festa do natalício de Jesus merece ser bem preparada, para poder ser bem celebrada. Neste encontro vamos falar exatamente dos preparativos do Natal, principalmente dos mais importantes.

1. O Natal é a festa de Jesus. Ele é o festejado! Toda a atenção deve ser concentrada na pessoa dele, porque o Natal acontece quando ocorre em nós o renascimento espiritual de Jesus. A preparação principal, pois, deve ser espiritual: preparação do coração, preparação do nosso ser interior!
Preparar o coração significa "modelar, conformar" o nosso modo de viver, a nossa forma de agir, as nossas palavras, os nossos pensamentos e as nossas atitudes à verdade de Jesus. Essa preparação espiritual exige, pois, de cada um de nós, um exame de consciência.
Precisamos nos perguntar: "Estamos vivendo com fé e orando com perseverança e devoção?", "Celebramos bem e vivenciamos os sacramentos?", "Participamos com alegria da missa dominical, que é o nosso encontro semanal com Deus, nosso Pai?", "Estamos sendo bons, justos e sinceros em casa, com nossos familiares?", "Tratamos com justiça e amor os irmãos, seja quem for?".
Feito esse exame de consciência, todos, ou quase todos, notamos que há alguma coisa para melhorar. Algo que seria bom mudar e transformar para melhor. A preparação principal é exatamente esta: mudar... melhorar... progredir... Mudar por dentro de nós, na vontade de sermos melhores. E concretizar essas mudanças no relacionamento com as pessoas, a família e a comunidade.
2. Fazer uma boa confissão. É muito importante fazer uma boa confissão, exatamente para podermos receber com muita paz no coração e com amor ardente Jesus vivo e aniversariante pela sagrada Comunhão Eucarística. A confissão é, portanto, um preparativo muito

importante para o Natal. Poderia acontecer que nós preparássemos tudo o que é secundário e esquecêssemos do principal, que é o nosso encontro pessoal com Jesus, encontro que acontece de forma toda especial pela Santa Comunhão, preparada pela confissão.
3. A Santa Missa e a Santa Comunhão. Não basta fazer a limpeza... arrumar a casa da vida pela confissão. É necessário receber o visitante, o aniversariante, o festejado, que é Jesus ressuscitado. O encontro pessoal do festejado acontece de modo especial na Santa Comunhão. Quem deseja festejar muito bem o aniversário de Jesus deve ficar ansioso por encontrá-lo, por cumprimentá-lo e abraçá-lo. E nós o fazemos no encontro com ele na Santa Comunhão. Comungar é receber, aceitar e acolher Jesus pessoalmente. O encontro com Jesus na Comunhão é o ponto mais alto do Natal.
4. Outra preparação importante para o Natal é o uso dos símbolos natalinos. Nós todos precisamos de sinais, símbolos e imagens para nos lembrar das realidades sobrenaturais. Porque Jesus está ressuscitado, e não podemos vê-lo, nem tocá-lo ou senti-lo corporalmente, precisamos de símbolos e sinais para nos lembrar dele com maior facilidade.

O símbolo visual mais completo e belo é o presépio. Como seria bom se em cada família católica houvesse um presépio armado em lugar bem visível da casa. Pelo presépio, somos levados a lembrar que o Natal existe por causa de Jesus.

Outro belo símbolo é a árvore de Natal. Ela representa Jesus vivo. Nós a armamos com todo o carinho, em local visível da casa, para que, ao vê-la, nos lembremos de Jesus que vem no Natal. Tudo no pinheirinho nos fala de Jesus aniversariante.

Bela e significativa é também a ceia de Natal, na qual toda a família se reúne para festejar o aniversário de Jesus. É o banquete preparado e oferecido pela família para festejar o aniversariante. É significativo que a família toda se reúna, na noite Santa do Natal, para comemorar Jesus Salvador, para homenagear o aniversariante Jesus. Ao iniciar a ceia, fica muito bem fazer uma saudação ao aniversariante. A saudação pode ser feita com uma oração natalina apropriada ou pode ser espontânea, feita por alguém da família e dirigida a Jesus vivo, presente.

Falemos dos presentes natalinos. Quanto possível, haja presentes de Natal, por mais singelos que sejam. Notemos bem que os presentes deveriam ser dados, se possível, na noite santa da véspera ou no dia de Natal, para poderem exprimir melhor o seu significado.

Os presentes, as roupas novas, os enfeites, o almoço festivo, a ceia, tudo pode e deve existir no Natal, pois são expressões da alegria pelo Natal de Jesus.

Esforcemo-nos para realizar a nossa preparação interna e externa para o Santo Natal. Bem preparados, receberemos melhor a Jesus ressuscitado. Com a presença dele, experimentaremos muito mais as alegrias, a paz, o amor, a felicidade, o desejo de vida melhor e a realização interior.

Vinde, Senhor Jesus, nós vos aguardamos com ansiedade neste Natal!

Dirigente (logo após a pregação):

Peçamos a Jesus que, pela ação do Espírito Santo, possamos ter a boa vontade, a coragem e a determinação de nos preparar seriamente para o seu Natal, a fim de que seja para todos um Santo Natal. Após cada prece, orem todos dizendo: Vinde novamente, Jesus, vinde ao nosso coração!

Todos:

Vinde novamente, Jesus, vinde ao nosso coração!

1. Para abençoar, santificar e iluminar o papa, os bispos, os sacerdotes e todos os religiosos, a fim de que se preparem santamente para o Natal de Jesus e promovam uma renovação progressiva e permanente das suas comunidades, vinde, Jesus!
2. Para iluminar as nossas consciências a fim de que reconheçamos os nossos erros e fraquezas e, reconhecendo-os, queiramos corrigi-los, a fim de vivermos uma vida ainda melhor, vinde, Jesus!
3. Para dar-nos firme decisão e boa vontade de nos preparar da melhor forma, por meio de uma boa confissão, para podermos receber-vos na Santa Comunhão do Natal com um coração cheio de paz e amor ardente, vinde, Jesus!
4. Para abençoar as nossas famílias, a fim de que nelas a vossa pessoa seja colocada como centro de todos os festejos e este Natal se torne uma fonte de bênçãos, para que as nossas famílias sejam ainda mais ninhos de amor, vinde, Jesus!
5. Para entrar na vida de muitos jovens, a fim de atraí-los, convertê-los e envolvê-los com o vosso amor, bem como para mostrar a muitos deles o belo caminho de vos seguir mais de perto, no sacerdócio ou na vida consagrada, vinde, Jesus!

6. Para abençoar as nossas crianças, a fim de que cresçam com saúde, sejam bem educadas e formadas para a vida cristã e tenham a grande graça de vos conhecer e de experimentar o vosso amor, vinde, Jesus!
7. Para confortar, alegrar, libertar, curar e santificar os nossos enfermos e idosos neste Santo Natal, vinde, Jesus!

Dirigente (oração):

Senhor Jesus Cristo, desejais ser recebido e aceito ainda mais por todos nós, para poderdes realizar a nossa salvação e comunicar a paz e a alegria, a felicidade e o amor verdadeiro neste Natal. Ajudai-nos a vencer todo egoísmo, nosso fechamento e nossas indefinições religiosas, a fim de receber-vos com um coração aberto e dar-vos um lugar cada vez mais importante nas nossas vidas. É o que vos pedimos.

Maria, mãe de Jesus e nossa, preparai as nossas vidas, assim como preparastes a vossa, para a chegada de Jesus. Ajudai-nos a abrir ainda mais os nossos corações ao vosso Filho neste Santo Natal. Amém.

Dirigente:

A alegria do Natal de Jesus já inunda os nossos corações. Saboreemos, desde já, as alegrias natalinas, entoando o canto "Noite feliz", nº 1, p. 101.

(**Sugestão**: Mostrar e explicar os símbolos das castanhas, das nozes, dos arranjos secos e das cores natalinas, que se encontram no livro *Símbolos natalinos*.)

Dirigente:

Queremos coroar a nossa celebração orando juntos ao Pai, como Jesus nos ensinou: Pai nosso, que estais nos céus...

Saudemos também a nossa Mãe celeste, aquela que pode nos preparar maravilhosamente para o Santo Natal: Ave, Maria, cheia de graça...

Dirigente:

Meus amigos, terminamos o nosso penúltimo degrau de subida para o Natal de Jesus. Certamente todos vocês já tomaram decisões de realizar um Natal muito belo, como nunca antes. Realmente assim deve ser. Que o consigam de verdade. Amanhã estaremos juntos para a nossa última etapa. Muito grato a todos.

Antes da despedida, saudemo-nos transbordando e comunicando a paz que Jesus trouxe no seu Natal.

(Abraço da paz; pode haver mais um canto natalino.)

NONA CELEBRAÇÃO

Dirigente:

Irmãos e irmãs em Jesus Cristo,

Bem-vindos todos ao nosso último encontro. Que este seja ainda mais lindo e mais participado por todos. O clima de alegria e de paz do Natal já nos envolve. Estamos muito próximos da grande celebração de Jesus vivo, pelo seu Natal e seu aniversário. Mais um pouco de tempo e Jesus virá, de modo especial, para encher de bênçãos o nosso Natal. Tenho certeza de que Jesus ressuscitado, aniversariante, ocupará o centro de todos os nossos festejos e, por isso mesmo, o centro dos nossos corações e das nossas atenções.

Hoje desejamos lançar algumas ideias de como poderíamos festejar o dia do Natal. Vamos planejar o nosso dia do Natal. Assim como planejamos os acontecimentos importantes da nossa vida: casamentos, bodas de prata, aniversários, assim também queremos planejar o nosso dia do Natal.

Iniciemos a nossa última celebração fazendo o sinal da cruz e invocando sobre nós os favores da Trindade. Em nome do Pai, do Filho e do Espírito Santo. Amém.

Com júbilo, cantemos "Cristãos, vinde todos", n° 2, p. 102.

Dirigente:
Elevemos o nosso coração a Jesus e oremos juntos.

Todos:
Ó Jesus,
aniversariante do Natal,
já estamos pressentindo e saboreando
as alegrias da vossa e nossa festa.
Nossos corações foram iluminados com tantas verdades lindas,
lembradas e aprendidas na caminhada de nossa novena.
Declaramos que sereis o grande celebrado,
o verdadeiro festejado do nosso Natal.
Ao mesmo tempo, queremos que a celebração de Natal deixe marcas profundas em nossos corações, para que nossas vidas sejam ainda mais abençoadas,
a fim de que jamais nos separemos de vós,
de vossos ensinamentos, de vossa Igreja
e da convivência generosa com todos os irmãos de fé.
Por isso pedimos ainda uma vez:
Vinde, Senhor Jesus, nossos corações estão abertos.
Vinde, Senhor Jesus, nossas famílias estão abertas.
Vinde, Senhor Jesus, estamos à vossa espera.

Dirigente:

São Paulo nos convida, e até nos ordena, a ser alegres. Assim ele nos diz: "Alegrai-vos sempre no Senhor! Repito, alegrai-vos!". Nossa alegria, de fato, vem do Senhor. Nossa alegria e nossa felicidade brotam da nossa amizade com Jesus vivo e do nosso amor por Ele, que se apresenta novamente no Natal.

Primeiro leitor:

Filipenses, capítulo 4, versículos 4 a 9.

Dirigente (logo após a leitura):

A nossa alegria verdadeira vem, realmente, do nosso relacionamento com o Senhor ressuscitado. Peçamos-lhe que venha ocupar um lugar ainda mais importante nas nossas vidas e que seja uma fonte constante de alegria para nós e para as nossas famílias. Após cada estrofe do salmo, oremos dizendo: Bem-vindo, Senhor Jesus, estamos felizes por vosso Natal!

Todos:

Bem-vindo, Senhor Jesus, estamos felizes por vosso Natal!

Salmista:

Cantai ao Senhor um cântico novo!
Ressoe o seu louvor na assembleia dos fiéis!
Alegre-se o povo em seu criador!
Exultem em seu Deus os filhos de Sião!

Em coros louvem o seu nome!
Cantem-lhe salmos com o tambor e a cítara!
Porque o Senhor ama o seu povo!
E dá aos humildes a honra da vitória!
Exultem os fiéis na glória!
Alegrem-se em seus leitos!
Tenham nos lábios o louvor do Senhor!
Tal é a glória reservada aos seus fiéis!

Dirigente:

Queremos recordar e admirar, hoje, a alegria dos pastores por terem encontrado Jesus em Belém no dia do Natal. Maior do que a deles deve ser a nossa alegria! Eles viram Jesus-Menino no presépio, mas depois, talvez nunca mais tiveram a graça de reencontrá-lo. Nós o temos sempre conosco, vivo, ressuscitado. Por isso, a nossa alegria deve ser até maior do que a dos pastores.

Segundo leitor:

Lucas, capítulo 2, versículos 8 a 20.

Evangelizador(a):

Tema: Como celebrar o dia do Natal de Jesus

Prezados amigos,

Nos dias anteriores, nós nos preparamos cuidadosamente para a festa do aniversário de Jesus Cristo e do seu novo nascimento e crescimento nas nossas vidas. Aprendemos muitas verdades lindas sobre o verdadeiro sentido do Natal.

Agora sabemos mais e melhor quem é aquele que vem no Natal. Sabemos quem é o festejado, o celebrado, o centro da festa do Natal. Aprendemos que Jesus é o Divino Amor, o nosso Salvador pessoal. Enfim, fomos conscientizados e renovados para a vivência cristã do Natal. Agora sim poderemos vivê-lo com intensidade. Poderemos vivê-lo com todo o seu sentido, com toda a sua beleza, com toda a alegria e toda a festa.

Sabemos que o festejado, o aniversariante do Natal é Jesus Cristo vivo, ressuscitado. É natural, é lógico, pois, que todos os festejos do dia do Natal tenham Jesus como centro. É justo, e deve ser normal, que todas as nossas atenções estejam voltadas para o festejado: Jesus Cristo vivo, aniversariante.

Façamo-nos uma pergunta: "De que modo desejamos festejar Jesus no dia do seu Natal?".

1. Penso que precisamos determinar o momento de cumprimentá-lo, de saudá-lo, de acolhê-lo com todo o carinho, de apresentar-lhe os nossos parabéns. Assim como cumprimentamos os aniversariantes de nossa casa, precisamos cumprimentar o aniversariante do Natal: Jesus vivo.

A melhor forma de encontrá-lo pessoalmente e de poder estar com ele é pela participação da Santa Missa solene, dia 24, à noite, ou no dia do Natal. Lembremo-nos de que na Santa Missa Jesus está verdadeiramente presente. Ele é invisível, sim, pois o seu corpo é glorioso e espiritual. Mas com absoluta certeza Jesus vivo está presente na Santa Missa.

Na festa da Santa Missa, a ocasião exata de podermos ter um encontro muito pessoal e íntimo é o momento

da Santa Comunhão Eucarística. Estejam certos de que comungar é encontrar-se, é entrar em intimidade com Jesus Cristo aniversariante! Comungar é ir ao seu encontro para acolhê-lo ainda mais e para estreitar muito mais os laços de mútuo amor! Na intimidade desse encontro temos a oportunidade de saudá-lo, de parabenizá-lo, de acolhê-lo, de entregar-lhe o nosso melhor presente: o nosso coração. Ou seja, de entregar-lhe a nossa vida, vivida no seu amor e nos seus ensinamentos. Na intimidade da Santa Comunhão, podemos segredar-lhe toda a nossa felicidade, toda a nossa alegria, toda a nossa paz e todo o nosso amor, experimentados por sua causa, pelo seu Natal, pelo seu aniversário.
2. Outra maneira de encontrar Jesus vivo para poder saudá-lo e estar com ele é rezar, é orar. Orar conversando pessoalmente com ele, em algum lugar apropriado, onde possamos estar a sós com ele. Para iniciar essa oração, invoquemos a sua presença viva. Ele prometeu estar conosco todos os dias. Ele gostará, portanto, de estar conosco, de forma especial, no seu aniversário.
3. Outro modo maravilhoso de saudar e celebrar Jesus Cristo aniversariante é realizando uma reunião familiar que seja o encontro de todos os familiares com Jesus Cristo aniversariante. Essa reunião pode ser realizada em torno do presépio, ou junto à imagem do Menino Jesus, ou junto à árvore de Natal, ou, melhor ainda, na ceia natalina. Nessa reunião, quando todos estiverem presentes, alguém tomará a palavra e falará ao aniversariante, ao festejado, ou por meio de uma oração apropriada ou, melhor ainda, de forma mais espontânea. De preferência, essa saudação seja feita pelo

pai ou pela mãe da família. Após a saudação, fica bem algum canto de Natal ou o "Parabéns a você".
4. No dia do Natal devemos fazer uma bela festa, alegre e sadia. Porque homenageamos um aniversariante tão importante, porque nós nos decidimos a aceitar ainda mais Jesus nas nossas vidas e porque festejamos a nossa salvação que veio por meio de Jesus, é justo que façamos uma bela festa. Assim como em uma festa importante em nossa casa usamos roupas melhores ou novas, calçados novos, joias, adornos, fazemos banquete, bolos, doces etc., também devemos festejar o nascimento de Jesus, o Salvador de todos os membros da família. Se possível, uma festa com roupas e calçados melhores, com presentes e decorações apropriadas, com ceia natalina e almoço festivo. Tudo realizado pela alegria de termos recebido Jesus Cristo.
5. É importante também a troca de presentes. Lembremo-nos de que os presentes simbolizam o grande presente que recebemos de Deus Pai: "Jesus Cristo". Lembremo-nos, ainda, de que os presentes são sinal da grande alegria que sentimos por causa da salvação recebida na pessoa de Jesus. Nos aniversários de pessoas queridas, nós lhes oferecemos presentes para demonstrar a nossa alegria pela sua data natalícia. No Natal, nós oferecemos presentes uns aos outros pela alegria que sentimos por termos recebido o Salvador e, com ele, a salvação. Presenteamos as pessoas no Natal porque elas aceitaram Jesus vivo.
Aceitando-o, entraram no caminho da salvação. Os presentes sempre despertam muita alegria e belas emoções.
6. Procuremos viver o dia do Natal com muita paz e alegria, percebendo em tudo, nas músicas, nos enfeites,

na alegria das crianças e nos presentes, o sinal de que Jesus Cristo está conosco e de que estamos celebrando seu nascimento e aniversário.

Ao terminar nossa novena, queremos estender a todos, de todo o coração, os nossos votos mais sinceros e profundos de um Natal maravilhoso, de um Natal todo voltado a Jesus vivo, de um Natal cheio de bênçãos divinas, de saúde, de felicidades e de profunda renovação no amor por aquele que veio e vem para nos salvar. A todos, feliz Natal com Cristo! A todos, um Natal maravilhoso!

Dirigente (logo após a pregação):

Apresentemos a Jesus vivo os nossos pedidos, para que nos favoreça na celebração do Santo Natal, a fim de que seja uma festa de muitas bênçãos, de muito amor, de muita paz e de alegrias verdadeiras. Após cada prece, queiram orar dizendo:

Vinde novamente, Jesus, vinde no Santo Natal.

Todos:

Vinde novamente, Jesus, vinde no Santo Natal!

1. Para abençoar o Santo Padre, o papa, todos os bispos, os sacerdotes e os religiosos do mundo inteiro, a fim de que celebrem com intensa alegria e muitos frutos espirituais o vosso Natal, vinde, Jesus!
2. Para conquistar o coração de muitos jovens, a fim de reconduzir ao amor dos pais os filhos revoltados e rebeldes, vinde, Jesus!

3. Para cativar sempre mais o coração das nossas crianças, a fim de que cresçam em clima de fé, amor e respeito, vinde, Jesus!
4. Para confortar as famílias desamparadas, pobres e sem possibilidades de ter um Natal mais confortável, a fim de que sintam a alegria vinda de vossa presença, vinde, Jesus!
5. Para confortar, libertar, curar e alegrar os enfermos e idosos, a fim de que o seu Natal seja feliz, apesar dos problemas e sofrimentos, vinde, Jesus!
6. Para manter sempre muito vivos a amizade, a alegria e o amor entre nós, que desejamos vos celebrar com muita alegria e intimidade, vinde, Jesus!
7. Para que na nossa comunidade paroquial, na nossa diocese e no nosso país o Natal possa reavivar o amor de todos por todos, vinde, Jesus!

Dirigente (oração):

Senhor Jesus, nosso Deus, nosso amigo e Salvador, concedei-nos que pela celebração do vosso aniversário e do vosso nascimento realizemos em nós um verdadeiro Natal. E que por essa celebração possamos renascer para uma vida de mais fé e maior amor a vós e a todos os seres humanos, de mais união nas nossas famílias e de maior paz interior.

Vinde, Jesus Cristo. Estamos de olhar atento e de braços abertos para vos receber. Vinde e ficai sempre conosco, como nosso Deus, nosso Salvador e nosso mestre, nossa luz e nosso amigo. Vinde, estamos à vossa espera!

Maria, mãe de Jesus e nossa, preparai as nossas vidas, assim como preparastes a vossa, para a chegada de Jesus. Ajudai-nos a abrir ainda mais os nossos corações ao vosso Filho neste Santo Natal. Amém.

Dirigente:

Que pena! Estamos chegando ao final das nossas celebrações! Com certeza vamos sentir saudades dos nossos encontros. Queremos coroar esta última celebração entoando aquele canto que sempre mexe fundo dentro de nós: "Noite feliz", nº 1, p. 101.

Dirigente:

Queremos coroar o nosso último encontro orando ao Pai celeste, apresentando-lhe os grandes pedidos que Jesus nos ensinou a fazer: Pai nosso, que estais nos céus...

Saudemos também a mãe feliz do Salvador, que é também a nossa mãe, dizendo-lhe: Ave, Maria, cheia de graça...

Dirigente:

Terminamos, meus caros amigos, a nossa preparação natalina. Passaram-se nove dias gostosos, de convivência, de amizade e de crescimento espiritual. Não vamos nos despedir como se fôssemos nos separar. Temos certeza de que todos estaremos ao redor de Jesus Cristo na noite de Natal, para celebrá-lo e recebê-lo na Santa Comunhão. Ali, estaremos todos unidos, mais do que nunca. E ali, por certo, rezaremos com muita atenção e amor, todos por todos, para que a nossa amizade cresça e para que Jesus seja o grande tesouro das nossas vidas e famílias. Obrigado a todos pela ótima participação. Obrigado, também, a todos os que colaboraram e participaram de alguma maneira para o bom andamento da nossa caminhada. Obrigado, principalmente, pela aceitação que todos vocês darão a Jesus vivo no Natal.

Boas festas de Natal a todos! Que ele seja repleto de alegrias, de felicidades, de paz, de amor e de bênçãos. Mais ainda: que o Natal seja repleto da presença de Jesus Cristo. Que ele nos abençoe e salve a todos. Muito obrigado, e até o dia do Natal, ao redor de Jesus aniversariante, na Santa Missa e na Comunhão.

Antes da despedida, queremos saudar-nos, abraçar-nos e desejar-nos mutuamente tudo aquilo de bom que o nosso coração quer que aconteça a cada um. Saudemo-nos com alegria.

(Abraço de paz e confraternização)

(**Sugestão**: Antes da despedida, seria muito bom que fosse realizada uma confraternização natalina entre todos; uma festinha de Natal, antecipada, entre o grupo que realizou a preparação; poderiam ser oferecidos cartões de Natal a todos e preparada uma mesa de salgadinhos.)

CANTOS PARA AS CELEBRAÇÕES DE NATAL

1. Noite feliz

Noite Feliz! Noite Feliz!
Ó Senhor, Deus de amor,
Pobrezinho, nasceu em Belém.
Eis na lapa Jesus nosso bem.
Dorme em paz, ó Jesus. (bis)

Noite feliz! Noite feliz!
Ó Jesus, Deus da luz,
quão afável é teu coração,
que quiseste nascer nosso irmão
e a nós todos salvar. (bis)

Noite feliz! Noite feliz!
Eis que no ar, vem cantar
aos pastores os Anjos do Céu,
anunciando a chegada de Deus,
de Jesus Salvador. (bis)

2. Cristãos, vinde todos

Cristãos, vinde todos, com alegres cantos,
Oh! Vinde, oh! Vinde, até Belém.
Vede, nascido, vosso Rei eterno.
Oh! Vinde, adoremos!
Oh! Vinde, adoremos!
Oh! Vinde, adoremos
O Salvador.

Humildes pastores deixam seu rebanho,
e alegres acorrem ao Rei do Céu.
Nós, igualmente, cheios de alegria.

A estrela do Oriente conduziu os Magos,
E a este mistério envolve em luz.
Tal claridade também nós seguimos.

3. Glória a Deus

1. Glória a Deus e paz na terra.
   Hinos cantemos de louvor.
   Hinos de paz e de alegria.
   Hinos dos Anjos do Senhor.

Refrão: Glória! A Deus nas alturas! (bis)

2. Foi nesta noite venturosa
   do nascimento do Senhor,
   que Anjos em voz harmoniosa,
   deram a Deus o seu louvor.

3. Vinde juntar-vos aos pastores.
   Vinde com eles a Belém.
   Vinde, correndo pressurosos.
   O Salvador, enfim, nos vem!

4. Glória a Deus na imensidão

**Refrão: Glória a Deus na imensidão
e paz na terra ao homem, nosso irmão. (bis)**

Senhor, Deus Pai, Criador onipotente,
nós vos louvamos e vos bendizemos
por nos terdes dado o Cristo Salvador.

Senhor Jesus, unigênito do Pai,
nós vos damos graças por terdes vindo ao mundo.
Feito nosso irmão, sois nosso Redentor.

Senhor, Espírito Santo, Deus-Amor,
nós vos adoramos e vos glorificamos
por nos conduzirdes por Cristo ao nosso Pai.

Glórias ao Pai e a Cristo sejam dadas.
Glórias ao Espírito Santo, sem cessar.
Agora e para sempre, por toda a humanidade.

5. *Jingle bells*

Nós temos motivos para celebrar,
pois no mundo nasce Jesus que vem salvar.
Vem unir a todos num povo irmão,
povo que caminha, povo em comunhão.

Com os sinos que despertam, vamos acordar.
Já nasceu o Deus-Menino, vem nos convocar.
Paz no mundo, paz na terra, vamos construir,
por caminhos de justiça, todos vão sorrir!

Festa de alegria, festa de amor,
tudo nos convida a cantar nosso louvor.
O Céu se une à terra, Deus a nós chegou.
Hora de esperança, Deus nos libertou!

6. Maria de Nazaré

Maria de Nazaré, Maria me cativou.
Fez mais forte a minha fé,
e por filho me adotou.
Às vezes eu paro e fico a pensar,
e sem perceber me vejo a rezar,
e meu coração se põe a cantar
pra Virgem de Nazaré.

Menina que Deus amou e escolheu
pra Mãe de Jesus, o Filho de Deus.
Maria que o povo inteiro elegeu
Senhora e Mãe do céu.

Refrão: Ave Maria (três vezes), Mãe de Jesus.

Maria que eu quero bem,
Maria do puro amor.
Igual a você, ninguém,

Mãe pura do meu Senhor.
Em cada mulher que a terra criou,
um traço de Deus Maria deixou,
um sonho de mãe Maria plantou,
pro mundo encontrar a paz.

Maria que fez o Cristo falar,
Maria que fez Jesus caminhar,
Maria que só viveu pra seu Deus,
Maria do povo meu.

7. Pelos prados

Pelos prados e campinas verdejantes eu vou,
é o Senhor que me leva a descansar.

Junto às fontes de águas puras,
repousantes, eu vou,
minhas forças o Senhor vai animar.

**Refrão: Tu és, Senhor, o meu Pastor,
por isso, nada em minha vida faltará. (bis)**

Ao banquete em sua casa muito alegre eu vou,
um lugar em sua mesa me preparou.
Ele unge minha fronte e me faz ser feliz,
e transborda a minha taça em seu amor.

Com alegria e esperança, caminhando eu vou,
minha vida está sempre em suas mãos.
E na casa do Senhor eu irei habitar,
e este canto para sempre irei cantar.

8. Seu nome é Jesus Cristo

Seu nome é Jesus Cristo e passa fome.
E grita pela boca dos famintos.
E a gente quando o vê passa adiante,
às vezes pra chegar depressa à igreja.

Seu nome é Jesus Cristo e está sem casa,
e dorme pelas beiras das calçadas,
e a gente quando o vê aperta o passo,
e diz que ele dormiu embriagado.

**Refrão: Entre nós está e não o conhecemos,
entre nós está e nós o desprezamos. (bis)**

Seu nome é Jesus Cristo e é analfabeto,
e vive mendigando um subemprego,
e a gente quando o vê diz: "É um à toa,
melhor que trabalhasse e não pedisse".

Seu nome é Jesus Cristo e está banido,
das rodas sociais e das igrejas,
porque dele fizeram um rei potente,
enquanto ele vive como um pobre.

Seu nome é Jesus Cristo e está doente,
e vive atrás das grades da cadeia,
e nós tão raramente vamos vê-lo,
sabemos que ele é um marginal.

Seu nome é Jesus Cristo e anda sedento,
por um mundo de amor e de justiça,
mas logo que contesta pela paz
a ordem o obriga a ser da guerra.

9. Te amarei, Senhor

Me chamaste para caminhar na vida contigo.
Decidi para sempre seguir-te e não voltar atrás.
Me puseste uma brasa no peito
e uma flecha na alma.
É difícil agora viver sem lembrar-me de Ti.

Refrão: Te amarei, Senhor! Te amarei, Senhor!
Eu só encontro a paz e a alegria
bem perto de Ti. (bis)

Eu pensei muitas vezes calar e não dar nem resposta,
eu pensei na fuga esconder-me, ir longe de Ti,
mas tua força venceu,
e ao final eu fiquei seduzido.
É difícil agora viver sem saudade de Ti.

Ó Jesus, não me deixes jamais caminhar solitário,
pois conheces a minha fraqueza e o meu coração.
Vem, ensina-me a viver a vida na tua presença,
no amor dos irmãos, na alegria, na paz, na união.

10. Nasceu Jesus!

Nasceu Jesus! Nasceu Jesus,
na gruta de Belém!
Jesus é a nossa doce luz,
Jesus é o nosso sumo bem.
Há Anjos mil cantando além.
Cantemos nós também.

De lá do céu, Jesus desceu,
e humilde aqui nasceu.
A Virgem mãe, como é feliz,
ao ver que Deus por mãe a quis.
Ao bom Jesus, ó mãe, conduz
os pobres filhos teus.

11. Conheço um coração

Conheço um coração tão manso, humilde e sereno,
que louva ao Pai por revelar seu nome aos pequenos.
Que tem o dom de amar, que sabe perdoar,
e deu a vida para nos salvar.

**Refrão: Jesus, manda teu Espírito,
para transformar meu coração.** (bis)

Às vezes no meu peito bate um coração de pedra,
magoado, frio, sem vida, aqui dentro ele me aperta,
não quer saber de amar, nem sabe perdoar,
quer tudo, e não sabe partilhar.

Lava, purifica e restaura-me de novo.
Serás o nosso Deus, e nós seremos o teu povo,
derrama sobre nós a água do amor,
o Espírito de Deus, nosso Senhor.

12. Sinos de Natal

Hoje a noite é bela, vamos à capela,
sob a luz da vela, felizes a rezar.
Ao soar o sino, sino pequenino,
vem o Deus-Menino nos abençoar.

Bate o sino, pequenino,
sino de Belém.
Já nasceu o Deus-Menino
para o nosso bem.

Paz na terra, pede o sino,
alegre a cantar,
abençoe o Deus-Menino
este nosso lar.

13. Parabéns a Jesus

Parabéns a Jesus,
nesta data tão linda
hoje é seu Natal,
dia de grande alegria!

Parabéns a Jesus,
que nasceu neste dia,
para ser nossa luz,
nossa paz e alegria.

Parabéns a nós todos,
nesta data querida,
é que nasceu Jesus,
para nos dar a vida.

Se você não encontrar qualquer um de nossos livros em sua livraria preferida ou em nossos distribuidores/revendedores, faça o pedido por reembolso postal a:

Edições Loyola

rua 1822 n° 341
04216-000 são paulo sp
T 55 11 3385 8500
F 55 11 2063 4275
vendas@loyola.com.br
www.loyola.com.br

DISTRIBUIDORES

- **BAHIA**
  Livraria e distribuidora MULTICAMPi Ltda.
  Rua Direita da Piedade, 20 – Piedade
  Tel 71 2101-8000 | **Telefax** 71 2101-8009
  40070-190 – Salvador, BA
  ldm@livrariamulticampi.com.br

- **MINAS GERAIS**
  Asteca distribuidora de livros Ltda.
  Distribuição
  Rua Costa Monteiro, 50 e 54 – Sagrada Família
  Tel 31 3423-7979 | **Fax** 31 3424-7667
  31030-480 – Belo Horizonte, MG
  distribuidora@astecabooks.com.br
  Livraria
  Av. Dr. Cristiano Guimarães, 2127
  loja 2129 – Planalto
  Tel 31 3443-3990 | **Fax** 31 3443-3990
  31720-300 – Belo Horizonte, MG
  livraria@astecabooks.com.br
  Mãe da igreja Ltda.
  Rua São Paulo, 1207 – Centro
  Tel 31 3213-4740 / 3213-0031
  30170-131 – Belo Horizonte, MG
  maedaigreja@globo.com
  Sem fronteiras livraria e distribuidora Ltda me
  Av. General Carlos Guedes, 180 – Planalto
  Tel 31 3494-2823
  31720-500 – Belo Horizonte, MG
  semfronteiras-livraria@hotmail.com

- **PARANÁ**
  CATM Comércio de livros Ltda.
  Vendas no Atacado e no Varejo
  Rua Santo Antônio, 590 – Térreo – Rebouças
  Tel 41 3306-1000
  80230-120 – Curitiba, PR
  catm@catm.com.br

- **PIAUÍ**
  Livraria Nova Aliança
  Rua Olavo Bilac, 1259 – Centro
  Telefax 86 3221-6793
  64001-280 – Teresina, PI
  livrarianovaalianca@hotmail.com

- **RIO DE JANEIRO**
  Zélio Bicalho Portugal Cia. Ltda.
  Vendas no Atacado e no Varejo
  Av. Presidente Vargas, 502 – sala 1701
  Telefax 21 2233-4295 / 2263-4280
  20071-000 – Rio de Janeiro, RJ
  zeliobicalho@globo.com

- **RIO GRANDE DO SUL**
  Livraria e Editora Padre Reus
  Rua Duque de Caxias, 805
  Tel 51 3224-0250 | **Fax** 51 3228-1880
  90010-282 – Porto Alegre, RS
  livrariareus@livrariareus.com.br
  loja@livrariareus.com.br

- **SÃO PAULO**
  Distribuidora Loyola de Livros ltda.
  Vendas no Atacado
  Rua São Caetano, 959 – Luz
  Tel 11 3322-0100 | **Fax** 11 3322-0101
  01104-001 – São Paulo, SP
  vendasatacado@livrarialoyola.com.br

  Livrarias Paulinas
  Via Raposo Tavares, km 19,145
  Tel 11 3789-1425 / 3789-1423 | **Fax** 11 3789-3401
  05577-300 – São Paulo, SP
  expedicao@paulinas.com.br

REVENDEDORES

- **AMAZONAS**
  Editora Vozes Ltda.
  Rua Costa Azevedo, 105 – Centro
  Tel 92 3232-5777 | **Fax** 92 3233-0154
  69010-230 – Manaus, AM
  vozes61@uol.com.br

  Livrarias Paulinas
  Av. 7 de Setembro, 665
  Tel 92 3633-4251 / 3233-5130
  Fax 92 3633-4017
  69005-141 – Manaus, AM
  livmanaus@paulinas.com.br

- **BAHIA**
  Editora Vozes Ltda.
  Rua Carlos Gomes, 698A
  Conjunto Bela Center – loja 2
  Tel 71 3329-5466 | **Fax** 71 3329-4749
  40060-410 – Salvador, BA
  vozes20@uol.com.br

  Livrarias Paulinas
  Av. 7 de Setembro, 680 – São Pedro
  Tel 71 3329-2477 / 3329-3668
  Fax 71 3329-2546
  40060-001 – Salvador, BA
  livsalvador@paulinas.com.br

• **BRASÍLIA**
Editora Vozes Ltda.
SCLR/Norte – Q. 704 – Bloco A n. 15
Tel 61 3326-2436 | **Fax** 61 3326-2282
70730-516 – Brasília, DF
vozes09@uol.com.br
Livrarias Paulinas
SCS – Q. 05 / Bl. C / Lojas 19/22 – Centro
Tel 61 3225-9595 | **Fax** 61 3225-9219
70300-500 – Brasília, DF
livbrasilia@paulinas.com.br

• **CEARÁ**
Editora Vozes Ltda.
Rua Major Facundo, 730
Tel 85 3231-9321 | **Fax** 85 3231-4238
60025-100 Fortaleza, CE
vozes23@uol.com.br
Livrarias Paulinas
Rua Major Facundo, 332
Tel 85 3226-7544 / 3226-7398
Fax 85 3226-9930
60025-100 – Fortaleza, CE
livfortaleza@paulinas.com.br

• **ESPÍRITO SANTO**
Livrarias Paulinas
Rua Barão de Itapemirim, 216 – Centro
Tel 27 3223-1318 / 0800-15-712
Fax 27 3222-3532
29010-060 – Vitória, ES
livvitoria@paulinas.com.br

• **GOIÁS**
Editora Vozes Ltda.
Rua 3, n. 291
Tel 62 3225-3077 | **Fax** 62 3225-3994
74023-010 – Goiânia, GO
vozes27@uol.com.br
Livraria Alternativa
Rua 70, n. 124 – Setor Central
Tel 62 3945-0260 / 3945-0261
62 3945-0262 / 3945-0265
Fax 62 3212-1035
74055-120 – Goiânia, GO
distribuidora@livrariaalternativa.com.br
Livrarias Paulinas
Av. Goiás, 636
Tel 62 3224-2585 / 3224-2329
Fax 62 3224-2247
74010-010 – Goiânia, GO
livgoiania@paulinas.com.br

• **MARANHÃO**
Editora Vozes Ltda.
Rua da Palma, 502 – Centro
Tel 98 3221-0715 | **Fax** 98 3222-9013
65010-440 – São Luís, MA
livrariavozes@terra.com.br
Livrarias Paulinas
Rua de Santana, 499 – Centro
Tel 98 3232-3068 / 3232-3072
Fax 98 3232-2692
65015-440 – São Luís, MA
fspsaoluis@paulinas.com.br

• **MATO GROSSO**
Editora Vozes Ltda.
Rua Antônio Maria Coelho, 197A
Tel 65 3623-5307 | **Fax** 65 3623-5186
78005-970 – Cuiabá, MT
vozes54@uol.com.br

• **MINAS GERAIS**
Editora Vozes Ltda.
Rua Sergipe, 120 – loja 1
Tel 31 3048-2100 | **Fax** 31 3048-2121
30130-170 – Belo Horizonte, MG
vozes04@uol.com.br
Rua Tupis, 114
Tel 31 3273-2538 | **Fax** 31 3222-4482
30190-060 – Belo Horizonte, MG
vozes32@uol.com.br
Rua Espírito Santo, 963
Tel 32 3215-9050 | **Fax** 32 3215-8061
36010-041 – Juiz de Fora, MG
vozes35@uol.com.br
Livrarias Paulinas
Av. Afonso Pena, 2142
Tel 31 3269-3700 | **Fax** 31 3269-3730
30130-007 – Belo Horizonte, MG
livbelohorizonte@paulinas.com.br
Rua Curitiba, 870 – Centro
Tel 31 3224-2832 | **Fax** 31 3224-2208
30170-120 – Belo Horizonte, MG
gerencialivbelohorizonte@paulinas.com.br

• **PARÁ**
Livrarias Paulinas
Rua Santo Antônio, 278 – Bairro do Comércio
Tel 91 3241-3607 / 3241-4845
Fax 91 3224-3482
66010-090 – Belém, PA
livbelem@paulinas.com.br

• **PARANÁ**
Editora Vozes Ltda.
Rua Pamphilo de Assumpção, 554 – Centro
Tel 41 3333-9812 | **Fax** 41 3332-5115
80220-040 – Curitiba, PR
vozes21@uol.com.br
Rua Emiliano Perneta, 332 – loja A
Telefax 41 3233-1392
80010-050 – Curitiba, PR
vozes64@uol.com.br
Livrarias Paulinas
Rua Voluntários da Pátria, 225
Tel 41 3224-8550 | **Fax** 41 3223-1450
80020-000 – Curitiba, PR
livcuritiba@paulinas.com.br
Av. Getúlio Vargas, 276 – Centro
Tel 44 3226-3536 | **Fax** 44 3226-4250
87013-130 – Maringá, PR
livmaringa@paulinas.com.br

• **PERNAMBUCO, PARAÍBA, ALAGOAS, RIO GRANDE DO NORTE E SERGIPE**
Editora Vozes Ltda.
Rua do Príncipe, 482
Tel 81 3423-4100 | **Fax** 81 3423-7575
50050-410 – Recife, PE
vozes10@uol.com.br
Livrarias Paulinas
Rua Duque de Caxias, 597 – Centro
Tel 83 241-5591 / 241-5636 | **Fax** 83 241-6979
58010-821 João Pessoa, PB
livjpessoa@paulinas.com.br

Rua Joaquim Távora, 71
Tel 82 326-2575 | **Fax** 82 326-6561
57020-320 – Maceió, AL
livmaceio@paulinas.com.br

Rua João Pessoa, 224 – Centro
Tel 84 212-2184 | **Fax** 84 212-1846
59025-200 – Natal, RN
livnatal@paulinas.com.br

Rua Frei Caneca, 59 – Loja 1
Tel 81 3224-5812 / 3224-6609
Fax 81 3224-9028 / 3224-6321
50010-120 – Recife, PE
livrecife@paulinas.com.br

• **RIO DE JANEIRO**
Editora Vozes Ltda.
Rua 7 de Setembro, 132 – Centro
Tel 21 2215-0110 / **Fax** 21 2508-7644
20050-002 – Rio de Janeiro, RJ
vozes42@uol.com.br

Rua Frei Luis, 100 – Centro
Tel 24 2233-9000 | **Fax** 24 2231-4676
25669-900 – Petrópolis, RJ
vendas@vozes.com.br

Livrarias Paulinas
Rua 7 de Setembro, 81-A
Tel 21 2232-5486 | **Fax** 21 2224-1889
20050-005 – Rio de Janeiro, RJ
livjaneiro@paulinas.com.br

Rua Dagmar da Fonseca, 45 Loja A/B –
Madureira
Tel 21 3355-5189 / 3355-5931
Fax 21 3355-5929
21351-040 – Rio de Janeiro, RJ
livmadureira@paulinas.com.br

Rua Doutor Borman, 33 – Rink
Tel 21 2622-1219 | **Fax** 21 2622-9940
24020-320 – Niterói, RJ
livniteroi@paulinas.com.br

Zélio Bicalho Portugal Cia. Ltda.
Rua Marquês de S. Vicente, 225 – PUC
Prédio Cardeal Leme – Pilotis
Telefax 21 2511-3900 / 2259-0195
22451-041 – Rio de Janeiro, RJ

Centro Tecnologia – Bloco A – UFRJ
Ilha do Fundão – Cidade Universitária
Telefax 21 2290-3768 / 3867-6159
21941-590 – Rio de Janeiro, RJ
livrarialianca@prolink.com.br

• **RIO GRANDE DO SUL**
Editora Vozes Ltda.
Rua Riachuelo, 1280
Tel 51 3226-3911 | **Fax** 51 3226-3710
90010-273 – Porto Alegre, RS
vozes05@uol.com.br

Livrarias Paulinas
Rua dos Andradas, 1212 – Centro
Tel 51 3221-0422 | **Fax** 51 3224-4354
90020-008 – Porto Alegre, RS
livpalegre@paulinas.com.br

• **RONDÔNIA**
Livrarias Paulinas
Rua Dom Pedro II, 864 – Centro
Tel 69 3224-4522 | **Fax** 69 3224-1361
78900-010 – Porto Velho, RO
livportovelho@paulinas.com.br

• **SANTA CATARINA**
Editora Vozes
Rua Jerônimo Coelho, 308
Telefax 48 3222-4112
88010-030 – Florianópolis, SC
vozes45@uol.com.br

• **SÃO PAULO**
Distribuidora Loyola de Livros Ltda.
Vendas no Varejo
Rua Senador Feijó, 120
Telefax 11 3242-0449
01006-000 – São Paulo, SP
senador@livrarialoyola.com.br

Rua Barão de Itapetininga, 246
Tel 11 3255-0662 | **Fax** 11 3231-2340
01042-001 – São Paulo, SP
loyola_barao@terra.com.br

Rua Quintino Bocaiúva, 234 – Centro
Tel 11 3105-7198 | **Fax** 11 3242-4326
01004-010 – São Paulo, SP
atendimento@livrarialoyola.com.br

Editora Vozes Ltda.
Rua Senador Feijó, 168
Tel 11 3105-7144 | **Fax** 11 3105-7948
01006-000 – São Paulo, SP
vozes03@uol.com.br

Rua Haddock Lobo, 360
Tel 11 3256-0611 | **Fax** 11 3258-2841
01414-000 – São Paulo, SP
vozes16@uol.com.br

Rua dos Trilhos, 627 – Mooca
Tel 11 2693-7944 | **Fax** 11 2693-7355
03168-010 – São Paulo, SP
vozes37@uol.com.br

Rua Barão de Jaguara, 1097
Tel 19 3231-1323 | **Fax** 19 3234-9316
13015-002 – Campinas, SP
vozes40@uol.com.br

Livrarias Paulinas
Rua Domingos de Morais, 660 – Vila Mariana
Tel 11 5081-9330 | **Fax** 11 5081-9366
04010-100 – São Paulo, SP
livdomingos@paulinas.com.br

Rua XV de Novembro, 71
Tel 11 3106-4418 / 3106-0602
Fax 11 3106-3535
01013-001 – São Paulo, SP
liv15@paulinas.com.br

Av. Marechal Tito, 981 – São Miguel Paulista
Tel 11 6297-5756 | **Fax** 11 6956-0162
08010-090 – São Paulo, SP
livsmiguel@paulinas.com.br

• **PORTUGAL**
Multinova União Liv. Cult.
Av. Santa Joana Princesa, 12 E
Tel 00xx351 21 842-1820 / 848-3436
1700-357 – Lisboa, Portugal

Distribuidora de Livros Vamos Ler Ltda.
Rua 4 de infantaria, 18-18A
Tel 00xx351 21 388-8371 / 60-6996
1350-006 – Lisboa, Portugal

Editora Vozes
Av. 5 de outubro, 23
Tel 00xx351 21 355-1127
Fax 00xx351 21 355-1128
1050-047 – Lisboa, Portugal
vozes@mail.telepac.pt

Este livro foi composto nas famílias tipográficas
Frutiger 55 Roman e *Times New Roman*
e impresso em papel *Offset 63g/m²*

Edições Loyola

editoração impressão acabamento
rua 1822 n° 341
04216-000 são paulo sp
T 55 11 3385 8500
F 55 11 2063 4275
www.loyola.com.br